Pérola Negra

2ª edição
1.000 exemplares
Do 5º ao 6º milheiro
Janeiro/2022

© 2019-2022 by Boa Nova Editora

Capa e projeto gráfico
Juliana Mollinari

Diagramação
Juliana Mollinari

Revisão
Alessandra Miranda de Sá

Assistente editorial
Ana Maria Rael Gambarini
Roberto de Carvalho

Coordenação editorial
Ronaldo A. Sperdutti

Impressão
AR Fernandez Gráfica

Todos os direitos estão reservados.
Nenhuma parte desta obra pode ser reproduzida ou
transmitida por qualquer forma e/ou quaisquer meios
(eletrônico ou mecânico, incluindo fotocópia e gravação)
ou arquivada em qualquer sistema ou banco de dados
sem permissão escrita da Editora.

O produto da venda desta obra é destinado à
manutenção das atividades assistenciais da Sociedade
Espírita Boa Nova, de Catanduva, SP.

1ª edição: Agosto de 2019 - 5.000 exemplares

Pérola Negra

ARIOVALDO CESAR JUNIOR
DITADO PELO ESPÍRITO FERNANDES DE ALMEIDA DE MELO

Instituto Beneficente Boa Nova
Entidade coligada à Sociedade Espírita Boa Nova
Av. Porto Ferreira, 1.031 | Parque Iracema
Catanduva/SP | CEP 15809-020
www.boanova.net | boanova@boanova.net
Fone: (17) 3531-4444

Dados Internacionais de Catalogação na Publicação (CIP)
(Câmara Brasileira do Livro, SP, Brasil)

Melo, Fernandes de Almeida de (Espírito)
Pérola negra / ditado por Fernandes de Almeida de
Melo ; [psicografia] Ariovaldo Cesar Junior. --
Catanduva, SP : Instituto Beneficente Boa Nova, 2019.

ISBN 978-85-8353-131-9

1. Espiritismo 2. Psicografia 3. Romance espírita
I. Cesar Junior, Ariovaldo. II. Título.

19-27603
CDD-133.93

Índices para catálogo sistemático:

1. Romances espíritas psicografados : Espiritismo
133.93

Cibele Maria Dias - Bibliotecária - CRB-8/9427

SUMÁRIO

Capítulo 1 - O leilão..7

Capítulo 2 - A fazenda Santa Rita.......................................13

Capítulo 3 - Estrela..21

Capítulo 4 - A missa...29

Capítulo 5 - Preparativos para o rapto...............................35

Capítulo 6 - O rapto...41

Capítulo 7 - Investigação...47

Capítulo 8 - Prestação de contas......................................55

Capítulo 9 - Bustamante no Rio...61

Capítulo 10 - O segundo rapto...65

Capítulo 11 - Fuga...71

Capítulo 12 - O retorno do coronel....................................77

Capítulo 13 - O capitão do mato.......................................83

Capítulo 14 - A volta dos caçadores...................................89

Capítulo 15 - Clara e seu novo lar.....................................95

Capítulo 16 - À procura de Clara......................................103

Capítulo 17 - Na fazenda..109

Capítulo 18 - Quilombo da Cruz.......................................113

Capítulo 19 - Notícias para Clara.....................................121

Capítulo 20 - O novo conde..127

Capítulo 21 - Notícias da fazenda.....................................133

Capítulo 22 - Os padres jesuítas......................................137

Capítulo 23 - O agradecimento 141

Capítulo 24 - A prisão de Clara 147

Capítulo 25 - A prisão do conde The Best..153

Capítulo 26 - A vida no quilombo 159

Capítulo 27 - Inquérito policial..165

Capítulo 28 - O capataz...171

Capítulo 29 - O delegado de polícia 177

Capítulo 30 - Os cálculos na alfândega..183

Capítulo 31 - Belarmina na fazenda 189

Capítulo 32 - A transformação de Belarmina 195

Capítulo 33 - Clara no quilombo..201

Capítulo 34 - O desespero dos condes..207

Capítulo 35 - O retorno de Clara 213

Capítulo
1

O LEILÃO

Estávamos no mês de março de 1818. O Brasil era uma das colônias de Portugal, e o Rio de Janeiro, a capital e sede do governo português desde o início de 1808, quando os reis de Portugal se instalaram no Brasil, fugindo das tropas de Napoleão. A escravidão estava no auge!

Os primeiros escravos chegaram ao Brasil por volta da década de 1530, e a Abolição da Escravatura se deu somente em 1888, após 350 anos de crimes hediondos, quase quatro séculos de violência, abusos, estupros, torturas, crimes bárbaros cometidos cruelmente contra nossos irmãos africanos. Foi o mais longo período de escravidão de que se tem notícia no mundo!

A Inglaterra proibiu o tráfico de escravos a partir de 1815, pois o açúcar brasileiro, devido ao uso da mão de obra escrava, obtinha bom preço no comércio internacional, e as colônias inglesas, que remuneravam seus trabalhadores, saíam prejudicadas. Apesar da proibição, a escravidão continuou normalmente. Os traficantes de escravos, para não serem presos pelos navios ingleses que fiscalizavam os oceanos, mudavam as rotas do tráfico, operando sem preocupações, pois no Brasil havia bons compradores. Quando o Brasil foi descoberto, em 1500, Angola já era colônia de Portugal e transformou-se em uma fonte de escravos para atender às plantações brasileiras.

Naquela noite, o navio com bandeira portuguesa ancorou a certa distância da costa, e os barcos com os escravos vindos daquele país africano, em condições miseráveis e desumanas, começavam a congestionar o Cais do Valongo no Rio de Janeiro. O sol ainda não havia nascido, mas o movimento era intenso, com muitos trabalhadores recepcionando os 450 negros acorrentados, na maioria jovens, o que representava uma carga valiosa. O capitão da embarcação apresentara o relatório da viagem ao organizador do leilão, como exigia a fiscalização da alfândega: haviam partido de Angola, na África, com 30 tripulantes e 512 negros; 62 tinham morrido durante a travessia, que demorara 30 dias. Essa perda estava dentro da média – grande parte morria por doenças e desnutrição, e, para evitar a contaminação dos alimentos, os corpos eram jogados ao mar e os doentes, amarrados e lançados ainda vivos. Os navios negreiros eram conhecidos como tumbeiros – termo que vem de "tumba", "caixão". O navio em questão chamava-se Felicidade, nome revoltante que mostrava o cinismo de seu dono. Os traficantes de escravos eram riquíssimos.

O leilão era realizado imediatamente após a chegada dos navios. Os negros eram lavados e obrigados a passar óleo no corpo para melhorar a aparência e afastar a debilidade da longa viagem e da fraca alimentação, sempre vigiados e acorrentados pelo pescoço ou pelos pés, outros ainda pela cintura. Os ajudantes dos leiloeiros serviram aos 450 recém-chegados uma cuia de aguardente e uma porção de angu, mistura feita com farinha de mandioca. Dois padres da igreja católica, devidamente paramentados para a cerimônia sacra, deram início a uma rápida missa para batizá-los, a fim de se tornarem cristãos, pois se algum deles morresse a partir daquele momento iriam para o céu, segundo afirmavam. Os padres diziam que Deus queria a escravidão, para salvar a alma de seus filhos negros, porque se ficassem na África praticando religiões pagãs não se salvariam; deveriam, portanto, ser trazidos, mesmo à força, aos países cristãos, como diziam ser o caso do Brasil. Assim, os senhores de escravos não ficavam com remorso nem problemas de consciência, pois os negros batizados iriam para Deus, que concordava com tudo aquilo. Após a cerimônia, em flagrante contradição com os ensinamentos cristãos, que ensinam o amor ao próximo, eram friamente marcados nas costas a ferro incandescente, com crueldade, como se marca o gado nas fazendas, para registrar que tinham sido batizados e que a partir daquele momento eram cristãos verdadeiros. Esse ritual na realidade significava que haviam perdido a condição de seres humanos.

Os leilões dos escravos eram sempre anunciados na Gazeta do Rio de Janeiro, principal jornal da época, junto com os avisos das chegadas dos navios afixados no Mercado do Valongo, para que os senhores de escravos, donos de engenhos e interessados pudessem aproveitar a oferta e adquirir os melhores cativos. Era um momento muito concorrido. Além do trabalho nas plantações, praticamente todas as casas da cidade tinham dois ou três escravos para os trabalhos domésticos: lojas, armazéns, o comércio em geral, padres, igrejas – todos tinham seus cativos. Parece que esse costume se estende até hoje no Brasil, em que quase todas as casas têm sua empregada doméstica, algumas mal remuneradas. Em países mais adiantados em termos culturais, mais ricos, os serviços domésticos são feitos pela própria família.

Para facilitar a venda de todos os que tinham sido marcados a ferro, estes eram enfileirados de acordo com a idade e o preparo físico. Era uma situação constrangedora, em particular para as mulheres. Aqueles que não fossem escolhidos podiam ser assassinados, porque não tinham como sobreviver, sendo considerados mercadorias.

A história do Valongo surgiu de forma inesperada. Em 1996, um casal do bairro da Gamboa resolveu fazer reformas em sua casa, construída no início do século XVIII, e nas escavações encontraram

Pérola Negra

centenas de ossos que eram restos do cemitério dos negros, mortos antes de serem vendidos, conforme pesquisa dos arqueólogos responsáveis pela reurbanização da zona portuária da cidade.

Nossa história principia nesse cenário de tristeza e de dor.[1]

Destacava-se naquele grupo de cativos que acabara de aportar uma menina negra de aparentemente catorze anos de idade, de beleza invulgar, com olhos encantadores. Todos estavam parcialmente cobertos com uma túnica de algodão cru, para mostrar os músculos, a força de trabalho. Essa moça com traços delicados, ao ser examinada por um rico fazendeiro, teve a túnica retirada e ficou exposta a todos os que participavam da aguardada negociação. O capitão do navio deu um sorriso malicioso, sabendo que a jovem poderia atingir um bom preço. Sem entender o que falavam, a escrava, com medo, sem poder arrumar-se por estar acorrentada, começou a chorar baixinho. Em um grupo não muito distante, uma senhora negra entrou em desespero e começou a se debater, tentando inutilmente livrar-se das pesadas correntes enquanto gritava:

– Kianga! Kianga!

Levou uma violenta chicotada, contorceu-se de dor e caiu de joelhos, o sangue escorrendo pelo fino corte em suas costas. Calou-se inerte, soluçando desesperada, impedida de socorrer a filha. A plateia permaneceu indiferente, como se aquilo fosse normal; alguns até reprovaram o comportamento da mãe aflita, que interrompeu momentaneamente as vendas. A moça nua permaneceu imóvel, o olhar fixo no horizonte, as lágrimas mostrando a dor infinita que

---

[1] Questão 829 – "Há homens que sejam, por natureza, destinados a serem de propriedade de outros homens?

R – Toda sujeição absoluta de um homem a outro homem é contrária à lei de Deus. A escravidão é um abuso da força e desaparecerá com o progresso, como desaparecerão, pouco a pouco, todos os abusos.

Comentário de Allan Kardec: A lei humana que consagra a escravidão é uma lei antinatural, visto que assemelha o homem ao animal e o degrada moral e fisicamente". (*O Livro dos Espíritos*.)

trazia na alma. O fazendeiro impaciente insistiu nos exames. Voltou-se para a plataforma, abriu a boca da adolescente para examinar seus dentes, prática costumeira para avaliar a qualidade do escravo, e apalpou seus seios e sua genitália. Após a conferência aviltante, sabia o preço que poderia pagar, pois, além dela, pretendia adquirir mais escravos para sua lavoura. Momentos como esse se repetiram por séculos no Brasil, em uma violenta agressão à dignidade de nossos irmãos negros.

Escravo era um produto caro, que rendia bons lucros. O capitão do navio, traficante de escravos, pagava na África um preço pelo lote capturado e, no leilão, multiplicava esse preço por dez ou até mais vezes. Os fazendeiros arrematavam lotes que valiam mais do que as terras que possuíam; terra era fácil, era só pedir, pois o objetivo da Coroa portuguesa era ampliar o domínio na colônia e incrementar a produção de açúcar – e, quanto maior a produção, mais impostos eram arrecadados. Não existia outro tipo de mão de obra eficiente para as fazendas; os índios não tinham sido aprovados, eram indolentes, enquanto o negro era forte e trabalhador. Comprar escravos era um bom investimento, e os fiscais da alfândega estavam a postos para cobrar para o rei o imposto de cada escravo vendido.

Iniciado o leilão, muitos compradores se acotovelavam na plataforma dando seus lances. Alguns fazendeiros do interior vinham acompanhados das esposas, que aproveitavam a viagem para conhecer o luxo da capital, fazer compras na rua do Ouvidor e, quando convidadas pela Corte, participavam orgulhosas de concertos musicais, procissões e cerimônias religiosas com os integrantes da nobreza.

O leiloeiro exultava com os bons resultados daquela manhã; os preços obtidos estavam acima do que esperava. Depois de algum tempo, ofereceu a jovem nua, tendo o cuidado de cobri-la novamente com a túnica, como se fosse um homem de respeito. O fazendeiro interessado levantou o braço e deu o primeiro lance. Do outro lado, um tenente da guarda imperial, que também observava a moça há longo tempo, cobriu seu lance, o que desgostou o pretendente. Iniciou-se uma disputa acirrada, e as pessoas que os

Pérola Negra

assistiam começaram a torcer por esse ou aquele. Os lances ultrapassaram o valor de mercado de uma jovem escrava, mas nenhum dos interessados moderou as ofertas, até que o fazendeiro, ferido em seu orgulho e antevendo os prazeres futuros que a moça lhe daria, duplicou o lance e calou o tenente da guarda, que reconheceu a derrota. Houve aplausos calorosos, e a jovem negra agora era propriedade legítima daquele investidor que, a partir daquele momento, poderia dispor até da vida dela.

O comprador radiante estava acompanhado da esposa; iriam cumprir uma série de compromissos na capital, além das festas na Corte, como era costumeiro para um produtor de açúcar em visita ao Rio de Janeiro. Ela também comemorou a vitória do marido com vibrante entusiasmo, não pela aquisição feita, mas por ele ter demonstrado publicamente o quanto era rico, poderoso e hábil negociador. Sua amiga, que estava a seu lado e havia acompanhado o triste espetáculo, objetou:

— Você vai permitir que Bustamante durma com uma negra?

— Minha amiga, escravo não é gente!

Capítulo 2

A FAZENDA SANTA RITA

Localizada na região norte fluminense, bem próxima da cidade do Rio de Janeiro, a fazenda Santa Rita era próspera e bem administrada. Possuía mais de noventa escravos, que representavam a riqueza de Bustamante Marcondes Carvalho de Almeida. Os negros eram tão valiosos, que o Banco do Brasil, fundado em 1808, passou a aceitar escravos como garantia de empréstimos. O grande fazendeiro era casado com dona Belarmina, sendo pai de dois filhos que não haviam gostado do Brasil e tinham voltado para Portugal a fim de estudar e viver com os avós. No começo, os pais estranharam a ausência dos jovens, mas depois perceberam que tinham mais liberdade para fazer o que queriam e não sentiram mais a falta deles.

Aquela moça mexera com os sentimentos do fazendeiro, que jamais poderia dizer que estava apaixonado por uma escrava, pois seria vergonhoso; mas ele não pensava em outra coisa. Uma escrava era um objeto; existia para trabalhar e servir seu dono, como e quando ele quisesse. Não deveria haver sentimentos nesse relacionamento, porém a jovem negra não saía de sua cabeça. Devido à preciosidade do lote adquirido, o fazendeiro cancelou as festas e os compromissos na Corte, inventando uma desculpa para a esposa, que não ficou contrariada, pois já havia feito as compras que queria. Sendo assim, retornaram no mesmo dia para as atividades na fazenda. Assim que chegou com os novos escravos, o fazendeiro ordenou com energia:

– João, prepare para que a moça fique hospedada na casa-grande. Ela vai trabalhar em casa, nos serviços domésticos. O resto da tropa coloque na senzala, mesmo lotada; eles que se ajeitem, depois veremos isso. Chame o padre Marcelo para colocar nome em todos, antes que inventem apelidos. Explique as regras da casa, não tire as correntes de ninguém e use o chicote! Chibata não é enfeite, é para ser usada sem piedade. Tem que bater desde o primeiro dia, para mostrar quem é que manda e impor as nossas leis! – E continuou com as instruções, agora um pouco mais calmo: – Pode tirar as correntes da menina. Ela vai se chamar Estrela; acho melhor, pois as outras duas que estão em casa têm nome de flor, e flor murcha com o tempo. – Riu com ironia.

– Coronel, naquela senzala não cabe mais ninguém. É tão pequena que terão de dormir sentados para poder fechar a porta.

– Faça o que eu mandei! – gritou o fazendeiro, ameaçando.

O experiente capataz, mulato forte, sabia que as ordens tinham de ser cumpridas à risca. A cada chegada de escravos a ladainha era a mesma: a senzala era realmente pequena para todos, mas nenhuma providência era tomada; dormiriam sobrepostos. Os doentes eram mantidos em um barracão separado, para não contaminar o grupo. Recebiam assistência deles mesmos com ervas e benzimentos, quando possível. Para a jovem seria diferente; teria o tratamento das que trabalhavam na cozinha, o que era bom. Bustamante ordenou a Belarmina, sua esposa, que a moça ficasse nos aposentos das trabalhadoras da casa-grande, longe da senzala.

A fazenda Santa Rita, apesar de não estar longe da capital, ficava totalmente isolada, sem boas estradas que lhe dessem fácil acesso. Era um mundo à parte; viviam sem comunicação com a cidade. Produzia-se quase tudo que se consumia: alimentos variados, móveis, ornamentos domésticos, carroças, algodão e tecidos rústicos que serviam para vestir os escravos. Também havia ali gado, porcos, galinhas e cabritos para a alimentação. Compravam-se apenas vinhos e artigos de luxo oferecidos pelos ambulantes nas visitas esporádicas pela região. A única coisa que saía da fazenda era o açúcar destinado à exportação, um pouco de aguardente e rapadura para o mercado da capital; quando a produção de queijo era excessiva também era destinada ao mercado.

Em uma área mais elevada, que permitia a visão de quase toda a fazenda, ficava a casa-grande: um grandioso sobrado em cuja parte de cima alojavam-se os vários quartos, a copa, cozinha, sala de jantar, sala de visitas, despensa e varandas, que circundavam toda a construção, e onde moravam o fazendeiro-coronel e a esposa. Na parte de baixo ficavam os escritórios, os quartos dos escravos, o depósito, almoxarifado, adega e quarto de despejo. A propriedade era totalmente cercada por um majestoso jardim. Ao lado da casa-grande havia uma capela para as missas realizadas pelo padre Marcelo, e, um pouco distante, a capela para os escravos, bem mais simples, onde assistiam à missa em pé. Mais além via-se a senzala, localizada um tanto afastada, a caminho do engenho.

A fazenda era o local onde Bustamante tinha autoridade máxima, reinando absoluto. Como se tratava de um engenho próspero, mantinham um padre-capelão com seus aposentos nos fundos da capela principal, com a função de celebrar as missas, fazer a catequese dos escravos, transmitir os ensinamentos de Jesus. Mas, como o religioso era subordinado ao proprietário do engenho, não se preocupava com a situação dos escravos e sim com sua imagem perante o dono da fazenda, para obter regalias.

Pérola Negra

Com exceção dos escravos que realizavam serviços domésticos, os outros trabalhavam arduamente de sol a sol, sofrendo nos canaviais e no engenho, com péssima alimentação e sem descanso, vítimas de castigos violentos, chicotadas e outras atrocidades. O objetivo era aumentar a produção de açúcar a qualquer custo e evitar fugas. O rendimento do engenho era a força e a rapidez da moenda, movida por vinte bois. A cana era colocada na moenda pelos escravos, lugar perigoso onde o cativo, cansado ou exausto, poderia perder a mão ou o braço. Depois de a cana ser moída, o caldo seguia para a caldeira, onde era cozido em tachos de cobre no fogo de lenha, virando o melaço. Este era coado e despejado em formas parecidas com um sino, chamadas pão de açúcar, para ser purgado pela drenagem natural. Em seguida ocorria o processo de branqueamento do açúcar, que demorava quarenta dias.

Muitos trabalhadores não eram escravos, e sim remunerados, como o gerente do engenho e os feitores que comandavam os escravos, os chefes de turma, os encarregados, além do capataz, que era um ajudante direto e de confiança dos donos.

As missas, os ensinamentos religiosos e as confissões eram de responsabilidade do padre-capelão, porém sob a supervisão de Bustamante, que poderia decidir até por manter ou não a vida de um cativo. E toda essa administração particular era consentida pelo rei, porque a preocupação da Corte portuguesa não era o que acontecia nas fazendas, mas a máxima ocupação do território brasileiro em toda a sua extensão, para atrair novos colonizadores, doando para tanto grandes latifúndios para a exploração da terra. Desde a formação das Capitanias Hereditárias e as doações de sesmarias, tinham sido fatiadas grandes áreas de uma capitania, e a fazenda Santa Rita era uma dessas áreas, tendo sido doada com a exigência do plantio da cana e do engenho de produção do açúcar, monocultura que fazia sucesso na Europa. Sendo assim, para grandes áreas de cultivo, a única alternativa era utilizar a mão de obra gratuita, que resultava em lucros extraordinários.

Após a realização daquele leilão difícil, Teodoro de Alencar, jovem tenente da Real Academia Militar, criada em 1810 por dom João VI, não sossegou um só minuto. Um dos costumes dos jovens oficiais militares daquela época era frequentar a vida na Corte, participar dos bailes e banquetes dos nobres, o que lhes dava um ar de superioridade perante a sociedade. O tenente estava contrariado; não aceitava ter perdido a moça. Inconformado, pensava consigo mesmo: "Ele poderia comprar qualquer outro escravo. Por que justo ela? Ele não quis perder a disputa na praça, encarou como um jogo, não queria ser passado para trás na frente da turba. Que idiota prepotente! Quis mostrar que era superior a um militar, mas não é. Queria mostrar que era poderoso, que o dinheiro pode tudo!"

Seu fiel amigo na Academia Militar notou o comportamento diferente do tenente, ouviu suas queixas e ficou surpreso quando soube que o mal-estar era por causa de uma escrava.

– Acorda, Teodoro, ela é uma escrava! Foi comprada, tem dono, compre outra para você!

– Joaquim, nobre amigo, ela é escrava por circunstâncias da vida; ninguém quer ser escravo de ninguém, mas ela foi capturada por alguém e tornou-se escrava. Não foi uma decisão dela, foi obrigada, entendeu?

– Obrigada não! É escrava porque é negra – falou o amigo Joaquim com segurança.

– Você ficou louco? Quer dizer que todos os habitantes da África são escravos? Não! São escravos apenas aqueles que foram sequestrados nas tribos e vendidos para os traficantes, os capitães de navios.

– Bom, e daí?

– Daí que eu passei pelo cais, nossos olhos se cruzaram e vi o quanto ela é bela; vi a beleza da sua alma e a queria para mim, para que não sofresse nas mãos de ninguém, para que ficasse sempre ao meu lado. Ela está na idade de uma flor, tem um encanto especial. Seu corpo é roliço, sólido, encantador. Apesar da situação difícil em que se encontrava, com as lágrimas banhando seu rosto, seus gestos denotavam amabilidade e graça, seus pés e mãos eram plasticamente belos. Os lábios vermelhos e os lindos dentes brancos convidavam ao beijo. Dos olhos tristes irradiava um brilho especial, e ao olhar seus seios incrivelmente belos percebi o quanto me sentia seduzido, o quanto seríamos felizes. Ofereci ao leiloeiro todas as minhas economias, todo o meu dinheiro, até o que não tinha, mas perdi.

— O que é isso, meu amigo? Está hipnotizado por essa beleza, mas isso é fácil, Teodoro!

— Como assim?

— Ela não está na fazenda Santa Rita? Não foi sequestrada uma vez na África? Vamos sequestrá-la de novo no Brasil! – falou sério.

— Joaquim, isso não é correto; reconheço que agora ela tem dono.

— Ora, ela foi sequestrada e vendida, cometeu crime quem a sequestrou e cometeu crime quem a comprou, o receptador, sabendo que ela era produto de crime! – Procurou mostrar segurança na exposição da sua tese.

— Você é louco! – disse Teodoro rindo. – Está delirando!

— Não, não estou. Seu coração vai dizer que estou certo. E você poderá salvá-la das mãos desses dois criminosos: o traficante do navio e o fazendeiro!

Teodoro ouviu o amigo, ficou longos minutos pensativo e concluiu:

— Não podemos fazer isso! Somos militares; devemos proteger as pessoas, combater o crime e fazer com que as leis sejam cumpridas! Não é isso?

— Mas não vamos fazer nada, não vamos nos envolver. Não se preocupe, tenho quem pode executar este tipo de trabalho, pense nisso. Sei que não podemos nos expor.

— Será que daria certo?

— Meu amigo – falou Joaquim com calma –, essa escrava é um ser humano ou é um animal?

— É um lindo ser humano; vi pela beleza daquele olhar, pela delicadeza dos seus traços.

– Pois bem. Se é nosso dever proteger as pessoas e combater o crime, é isso o que vamos fazer!

– Mas a escravidão é legal, está prevista em lei! Tudo o que foi feito está rigorosamente dentro da lei – retrucou Teodoro.

– Meu amigo, use a razão! Essa é a lei dos homens, não uma lei divina, pois todos somos filhos de Deus. Entre os homens e Deus, prefiro ficar com Deus. Além disso, aprendemos com nosso mestre de Filosofia, Paulo Fernandes, que gente não é mercadoria. Lembra-se da aula sobre a Declaração dos Direitos do Homem e do Cidadão, aprovada pelos franceses em 1789? Pois bem, aprendemos muito, e aquela aula emocionou a todos nós! Trata da liberdade, igualdade e fraternidade que devem reinar entre os homens. Chegará o dia em que isso será aplicado em todos os países, até nas colônias. Acredito nisso; acredito nisso com todas as minhas forças! – discursou Joaquim com ênfase surpreendente.

– Joaquim, estou começando a acreditar em você. Então me explique o que vamos fazer, estou impaciente.

– Libertaremos a negra que conquistou seu coração!

– Como vamos comprá-la, se ela não está à venda?

– Teodoro, vamos raptá-la!

Capítulo

3

ESTRELA

Estrela fora recepcionada por Rosa e Margarida, escravas que trabalhavam na cozinha. Ambas lhe explicaram sobre a preparação dos alimentos, os costumes da casa, como lavar, guardar os utensílios, os cristais, os faqueiros, a limpeza e a divisão dos trabalhos. Rosa era culta e simpatizou logo com a recém-chegada. Estrela era de Angola, colônia de Portugal desde 1482. Fora capturada em uma tribo que falava o português. Rosa sentiu necessidade de socorrer a novata:

– Estrela, nós duas – e puxou Margarida para seu lado – passamos exatamente pelo mesmo sofrimento que você está passando. Somente o tempo eliminará nossas dores, e o tempo voa, você verá! – As três se abraçaram, com lágrimas nos olhos. Estrela respondeu:

– Eliminar minhas dores será impossível; o tempo pode diminuí-las... – Rosa ficou admirada com a inteligência da principiante, que completou: – Mas me coloco nas mãos de Deus, que tudo pode e tudo fará por mim e pela minha mãe.

– Onde está sua mãe? A primeira lição que recebemos é que não temos família, não temos ninguém; somos sozinhas no mundo!

– Não sei para onde ela foi nem o nome que deram para ela; fomos separadas no cais. Acho que não vou aguentar a dor dessa separação. Sinto muita falta dela – e começou a chorar baixinho.

Escutaram passos no corredor, e Rosa começou a falar das coisas da casa para disfarçar. Depois, com mais calma, orientou-a a cumprir rigorosamente com suas obrigações e nunca perder a esperança. Enquanto a abraçava como se fosse sua filha, explicou que aquele serviço não se comparava com a vida dos que viviam amontoados na senzala sem boa alimentação, em galpões escuros, úmidos e sem higiene, que trabalhavam todos os dias, de segunda a segunda, sem descanso. Pediu que não confiasse no padre Marcelo, pois às vezes ouvia as conversas dele com o patrão. E, como Estrela era bela, Rosa aconselhou:

– Você será procurada pelo coronel, como eu fui algumas vezes. Aceite o destino, não sofra, como já disse; viver longe daqui é perigoso, você seria maltratada pelos outros escravos. Aqui estará protegida, mas não das garras do fazendeiro.

– Não me importo com isso, pois meu corpo não é meu, não me pertence, é emprestado por Deus. Se ele fizer alguma coisa comigo, terá que prestar contas a Deus.

– E iremos protegê-la de uma possível gravidez, pois é muito sofrimento para uma mãe separar-se do filho e, o que é pior, ver que está sendo vendido para ser maltratado ou perder a vida nas plantações. Vamos ajudá-la sempre que possível.

Estrela agradeceu emocionada.

Belarmina, quando convinha, obedecia às ordens do marido, senhor da fortuna proveniente das exportações do açúcar. Agora, as três empregadas da casa estavam sob suas ordens. Os outros escravos, no entanto, obedeciam aos brancos da fazenda e ao comando do capataz, jovem mulato liberto, forte, filho de português com escrava. Sua liberdade fora concedida pelo pai, fazendeiro de outra fazenda, que o colocara na posição privilegiada de homem de confiança do coronel. Ele obedecia a ordens, mas procurava proteger de alguma forma seus irmãos africanos. Os cativos eram maltratados, como em todas as fazendas do Brasil, vivendo em condições desumanas, piores até do que se fossem animais. Ouviam-se rotineiramente os gritos desesperados daqueles que eram torturados ou açoitados pelos feitores, mas o padre-capelão nunca se preocupou com isso, concordando com aquele terror. Trabalhavam até a exaustão, sob vigilância constante; os que denunciavam os que não produziam eram agraciados com benefícios enganosos, não ganhavam a liberdade nem melhores condições de trabalho, mas recebiam como prêmio essa ou aquela escrava e uma boa dose de aguardente. O infrator era punido com uma quantidade de chibatadas de acordo com a infração cometida. Naquela fazenda nenhum escravo fora executado, mas alguns tinham morrido por excesso de açoites. O coronel dizia:

– Não matei ninguém nem mandei matar; morreu porque era fraco!

Os doentes, como já se sabe, eram tratados pelos próprios escravos, e muitos não sobreviviam. Obrigatoriamente, todos tinham que comparecer às missas de domingo e falar somente a língua portuguesa. Apesar das restrições, não abandonaram por completo a cultura africana; faziam suas rezas, suas festas, e até criaram a capoeira com seu ritmo e batuque, como se fosse uma dança – embora fosse proibida, pois todos sabiam se tratar de um treino de luta.

A procriação era exigida das mulheres, pois aumentava o número de cativos. Para isso, havia um escravo reprodutor, que contabilizava mais de cem filhos nesta e em várias fazendas da redondeza. Fora escolhido devido às suas características físicas; era muito alto, forte e tinha as pernas finas, que diziam ser melhores para o trabalho. A condição de reprodutor não o isentava dos trabalhos nos canaviais, salvo quando recebia escravas de outras fazendas para cruzamento, trabalho que era regiamente cobrado pelo patrão. A quantidade de escravos era de quatro homens para cada mulher – deveriam se entender de qualquer jeito; se houvesse briga, seriam punidos. Era proibido formar famílias, para evitar que se ajudassem entre si. Quando as mulheres engravidavam, três dias após o parto retornavam ao trabalho e só amamentavam o filho nesse período, o que aumentava sobremaneira a mortalidade infantil. As crianças que sobreviviam, quando completavam cinco anos de idade, eram encaminhadas a trabalhos forçados, de acordo com a necessidade da fazenda, ou vendidas e separadas das mães. Quando essas crianças cometiam falhas no trabalho, como deixar cair alguma coisa, tinham um dos dedos da mão furados com um prego; quando se tratava de erro leve, bastava um tapa bem forte no rosto.

A escrava Rosa, que tão bem recepcionara Estrela, fora encontrada por Bustamante quando ele havia lido um anúncio nos classificados da *Gazeta do Rio de Janeiro* e se interessara pela oferta. Tinha mudado seu nome para Rosa, dizendo que ela era bonita como uma flor. O anúncio dizia:

> Quem quiser comprar huma negra de nação Benguela, de idade jovem, mais ou menos 21 annos, ensina a ler e escrever, sabe lavar bem, engomar lizo, e com princípios de costura, cozinha, e faz todo o serviço de huma caza, dirija-se a Rua Detraz da Lapa, 14, do lado esquerdo indo da Lapa do Desterro.

Negra alfabetizada era produto raro; escravos e mulheres eram proibidos de estudar nas escolas públicas; somente os homens brancos podiam ler e escrever. Aliás, quase toda a população do Rio de Janeiro era analfabeta. Todos os cidadãos deviam frequentar as escolas, mas os negros não eram considerados cidadãos.

Quando Bustamante viu Rosa pela primeira vez, ficou mais interessado nela que nas qualidades que possuía. Comprou-a a peso de ouro, para que ensinasse também seus filhos, que no momento residiam em Portugal, e muito do que sabiam tinham aprendido com ela. Rosa aprendera a ler porque vivera na casa de um holandês, onde todas as crianças, escravas ou não, eram obrigadas a estudar com um professor contratado. Ela tinha gostado, fora boa aluna e adquirira boa cultura com a leitura de muitos livros da Biblioteca Real, que havia sido inaugurada em janeiro de 1810, com 60 mil volumes trazidos de Lisboa. Ela era proibida de entrar na biblioteca, mas recebia os livros por intermédio do seu professor.[1] O holandês, quando retornara à Europa, a vendera ao português, que a vendera a Bustamante. Ela sempre havia sido respeitada na fazenda pelos bons trabalhos que realizara, pelos seus conhecimentos e pelo bom relacionamento com a patroa. Com o coronel, tivera vários encontros, mas não engravidara. Tomava um chá de ervas que era proibido, pois o objetivo era aumentar a quantidade de escravos. Para esse propósito, contava com a ajuda da patroa.

A Igreja Católica nunca se manifestou contra a escravidão no Brasil; apenas sugeria ironicamente que os senhores fossem bons e tratassem bem seus escravos, mas tais sugestões nunca foram atendidas por ninguém. Em algumas regiões do Brasil, os coronéis eram tão cruéis que resolveram não dar mais alimentos, que já eram de péssima qualidade, emprestando uma área de terra para que os cativos plantassem livremente o que comer. Isso os esgotava sobremaneira, pois trabalhavam mais de doze horas por dia na lavoura e ainda tinham de trabalhar à noite em suas plantações para sobreviver. Muitos ficavam enfraquecidos, adoeciam e morriam, mas a sistemática não era alterada. Os padres não

---

[1] Questão 832 – "Há homens que tratam seus escravos com humanidade; que não lhes deixam faltar nada e pensam que a liberdade os exporia a privações maiores; que dizeis deles?
R – Digo que estes compreendem melhor seus interesses. Eles têm também grande cuidado com seus bois e seus cavalos, a fim de tirar deles maior proveito no mercado. Não são tão culpados como aqueles que os maltratam, mas dispõem deles como de uma mercadoria, privando-os do direito de serem independentes". (*O Livro dos Espíritos*.)

gostavam dessa prática, pois impedia os escravos de ir à missa aos domingos e dias santos, contrariando a lei que pregavam: "Fora da Igreja não há salvação".

O comportamento aparentemente tranquilo dos escravos em algum engenho não queria dizer que os senhores eram melhores, mas sim que os escravos se humilhavam, desistiam de lutar para escapar dos açoites e sofrer menos. No Brasil, havia apenas duas posições sociais: os brancos livres e os escravos negros. Os portugueses, para oprimir os negros, contavam com o apoio permanente da Igreja, que, por missão, deveria ensinar o Evangelho de Jesus, mas o fazia de acordo com seus interesses. Isso possibilitou a grande penetração da Igreja Católica em toda a colônia e, em decorrência disso, não proliferaram as igrejas reformistas, ao contrário do que aconteceu nos Estados Unidos, onde luteranos e calvinistas progrediram em todo o país, pois não havia a obrigatoriedade da implantação da religião católica.

Padre Marcelo era um padre-capelão que, depois de algum tempo, passou a ser chamado de padre de paróquia. Era espanhol e estava na fazenda há mais de doze anos com a missão de evangelizar os cativos ali residentes. Tratara da construção da capela dos senhores e da capela dos escravos, sendo que na capela principal tinha feito cômodos na parte posterior para se acomodar com conforto. Era recomendável que um grande engenho tivesse um religioso, para acalmar os cativos, rezar missas, ouvir confissões, benzer o engenho quando se moía a primeira cana, benzer a aguardente quando se extraía a primeira cuia, promover ladainhas, batizados, procissões, festas, novenas e orações públicas. As confissões eram obrigatórias para os negros – uma forma rápida de fiscalizá-los e informar os casos que mereciam atenção e açoites. Depois de algum tempo, o comportamento do padre ficou sobejamente conhecido e a prática da confissão virou um teatro; os negros mentiam o quanto podiam, e o padre perdoava os pecados que não existiam. Os padres ficavam totalmente alheios às leis canônicas, descumpriam o celibato, viviam em um mundo isolado e criavam as próprias regras religiosas, em conluio permanente com o dono do engenho, que os sustentava e comandava.

Os mortos brancos eram enterrados sob o altar da capela principal; os escravos eram enterrados no mato, a certa distância e sem identificação.

Padre Marcelo estava sempre bem-humorado, sendo atencioso, gentil. Na fazenda tivera oito filhos com duas escravas que o serviam, vendidos a pedido do próprio padre e com a concordância de Bustamante, que ficara com o dinheiro, com exceção de dois filhos que ainda não haviam atingido a idade de cinco anos, mas seriam negociados no tempo certo, pois eram bem-formados fisicamente e com certeza dariam um bom lucro.

Capítulo 4

A MISSA

Os escravos folgavam apenas no domingo, para irem obrigatoriamente à missa das seis horas da manhã, sob o comando dos feitores e das chibatas. A missa das nove era a dos senhores. O caminho para as capelas era diferente para que não se cruzassem antes nem depois das missas. O sermão daquela manhã, a pedido do coronel, tinha como objetivo acalmar os cativos dos exageros do trabalho pesado, que machucava os músculos e esgotava as forças. Muitos dos que sofriam as severas chicotadas e torturas por se cansarem ficavam revoltados, e as tentativas de fuga estavam frequentes, embora não lograssem êxito, uma vez que a vigilância era constante.

Tinham se formado alguns quilombos com escravos fugidos de outras regiões, mas haviam sido desmantelados com ataques dos capitães do mato. O correto, dizia o padre, seria impedir as fugas a qualquer custo. Quando os escravos pensavam em fugir, convencia-os de que, por serem cativos cristãos, seriam salvos por Deus.

Naquela manhã, a capela estava lotada como sempre, com o sol prometendo outro dia de forte calor. Todos os escravos estavam em pé, sempre observados por alguns feitores; havia espaço suficiente, mas não havia bancos. Depois de o padre se benzer, fazendo o sinal da cruz, todos repetiram o mesmo gesto. De costas para o público, e de frente para a imagem de Jesus à sua frente, o sacerdote recitou várias rezas em latim, considerado pelos católicos o idioma universal da fé. Durante a missa, os escravos eram obrigados a se ajoelhar várias vezes, e alguns tinham dificuldade em se levantar devido a machucaduras causadas pelo trabalho. Após a missa em latim, padre Marcelo virou-se para o público e falou com falsa brandura:

– Jesus Cristo, o Deus vivo, foi traído por todos os seus amigos. Judas foi o maior traidor, mas os outros discípulos também o traíram, porque recusaram ajuda quando Ele mais precisava. Foi condenado à morte na cruz sem ter feito nada; só fazia o bem para todos os que o procuravam. Recebeu a pesada cruz e teve de carregá-la sozinho até o calvário, sob o peso de chicotadas durante todo o caminho, à vista de todos. Agora vejam esta cruz – e apontou para a cruz acima do altar –; observem bem esta cruz! Este é o Cristo, Deus de amor, que está pregado nela! Ele teve os pés e as mãos perfurados por grandes pregos de ferro. Ele foi pregado na cruz! E morreu para nos salvar! Hoje, Ele está no céu olhando por nós. Não estamos abandonados. Ele nos ama! Deixou seu maior ensinamento: "Amai-vos uns aos outros como eu vos amei!" Ele nos ama! Devemos sofrer como Ele sofreu para recebermos nossa salvação. Ele disse: "Não vos deixareis órfãos, estarei convosco todos os dias até a consumação dos séculos". – E gritou entusiasmado: – Jesus Cristo, o Deus de amor, está conosco, está acompanhando nossa vida, nossos passos. Precisamos ter fé se quisermos a salvação! Cristo sofreu e foi salvo, hoje está no céu. Temos que ter fé. Temos que seguir seu exemplo. A fé em Deus, a fé em Cristo, é a nossa salvação! Seremos salvos se tivermos fé.

Não estamos desamparados! Nosso sacrifício não será em vão. Deus está no coração de cada um de nós. Deus está ao nosso lado. Viva Jesus!

E todos gritaram:

– Viva Jesus! Viva Jesus!

Iniciou-se a distribuição da hóstia a todos os fiéis com a ajuda de suas escravas. Padre Marcelo percebeu que um clima de paz envolveu aqueles pobres coitados que traziam os olhos tristes; alguns choravam. Encerrou a missa com uma bela canção de devoção aos santos, cantada por todos, que batiam os pés e as mãos no ritmo da música.

Os sermões normalmente diziam que os cristãos deveriam desenvolver as grandes virtudes da vida: obediência, humildade e subordinação ao coronel, pois essa era a vontade de Deus; que o cristão não deveria se preocupar com um mundo melhor, mas aceitar a vida de sofrimentos, para merecer o céu; que Jesus sofrera inúmeras injustiças, mas ganhara o céu pela vontade de Deus. Isto era ser cristão, dizia o padre. Esse tipo de discurso da Igreja ajudava os colonizadores a explorarem os negros sem ficar com problemas de consciência; pensavam que, se Deus permitia a escravidão no mundo, era porque Ele concordava com ela.

Satisfeito com os resultados da missa daquela manhã, o padre descansou um pouco, tomou um chá com duas broas oferecido pela escrava que o servia e se preparou para a missa dos brancos, substituindo suas roupas simples por paramentos bordados com visível riqueza. A capela era outra, com amplos bancos de madeira de lei, apropriados para que pudessem se ajoelhar, tendo também belíssimos vitrais coloridos que refletiam a luz do sol, quadros nas paredes, lindas imagens de santos, tudo dando ao ambiente uma aura de paz e tranquilidade. Era um local agradável, acolhedor, diferente da primeira capela, onde não havia nada além das paredes mal pintadas, poucas janelas, péssima ventilação, piso irregular, um crucifixo e a imagem pobre de dois santos, únicos objetos permitidos por Bustamante.

Padre Marcelo, de costas para os fiéis, após os rituais iniciais da missa e as rezas em latim, que só eram compreendidas por ele, começou sua fala, com simpatia e suavidade:

Pérola Negra

– Meus queridos irmãos! Que a paz do Senhor esteja em todos os corações! Quando Jesus, o Deus de amor, caminhava pelas ruas de Jerusalém com seus discípulos, um judeu se aproximou dele e perguntou: "Senhor, devemos pagar o tributo a Cesar?" Cesar cobrava impostos exorbitantes dos judeus, exatamente como acontece hoje – falou o padre. – O rei quer ficar morando no Brasil, mas exige que os brasileiros sustentem Portugal.

Bustamante era português e discordava frontalmente da alta dos impostos. Ao ouvir o sermão, grudou os olhos no altar. Padre Marcelo, percebendo o interesse do senhor do engenho, continuou com desenvoltura:

– Jesus percebeu que aquele judeu estava revoltado com a cobrança dos impostos e pediu ao moço que lhe desse uma moeda. Examinou-a e perguntou: "De quem é a efígie que está nesta moeda?" "É de Cesar, Senhor." "Pois bem, então dê a Cesar o que é de Cesar!", e o moço saiu contente pelas ruas da cidade, pois entendeu a lição. Como nos ensinou Jesus – prosseguiu o padre –, devemos dar ao rei o que é do rei, mas ele não tem nada; tudo pertence aos trabalhadores do Brasil. Alguns dirão: "O rei é o proprietário do Brasil!" Sim, proprietário das terras, mas os impostos são cobrados da produção, e o rei não é dono da produção; não foi ele quem plantou os canaviais nem fez o açúcar. Os impostos são cobrados sobre a produção. O rei não pode pegar o que não lhe pertence! Então, como nos ensinou Jesus, devemos dar a Cesar o que é de Cesar!

Aquela interpretação absurda da passagem evangélica caiu do céu. Como Bustamante sonegava parte dos impostos com apoio de alguns funcionários da alfândega do Rio de Janeiro, esse ensinamento o deixou em paz; estava agindo segundo a vontade de Jesus. Depois de encerrada a missa, levantou-se agradecido e foi abraçar o padre, que lhe disse baixinho:

– Preciso falar com o senhor em particular.

Após almoçarem, o senhor do engenho, sua família e o religioso, Bustamante chamou-o para um canto da varanda da casa, que neste momento já estava protegida pela sombra das árvores frondosas que cercavam a bela construção. Depois de comentarem sobre o almoço, o vinho e o delicioso doce de maçã, o fazendeiro, atencioso, perguntou:

– Pois não, padre. O que o senhor queria falar comigo?

– Senhor Bustamante, faz uns quatro dias chegou nesta fazenda uma leva de escravos. Como sempre faço, coloquei em cada um deles o nome de um santo, para abençoá-los e seguir as leis canônicas a que estou subordinado.

– Sim, e daí?

– E daí que uma jovem escrava teve o nome dado pelo senhor, Estrela, pelo que sei. Não existe esse santo nas leis que sou obrigado a obedecer.

– Então avise o papa que aqui quem manda sou eu, e ela vai se chamar Estrela. Para seu conhecimento, ela já foi batizada no Cais do Valongo. Veja a marca que ela tem nas costas; agora já pertence ao rebanho de Deus – e fez uma expressão de ironia, aguardando.

– Sim, não há problema algum. Ela pode continuar com esse bonito nome que vou abençoá-la de novo e será considerada filha de Deus. Hoje ela estava na missa; é uma moça muito bonita, de fato uma estrela.

Nesse ponto, o coronel ficou furioso e retrucou, segurando com força o braço do padre:

– Tire as mãos dela, fique longe; se eu souber que você chegou perto daquela menina, comece a rezar para que Jesus o receba do lado de lá!

– Desculpe, só quis elogiar. Não tenho interesse nenhum nela – mentiu o padre.

O coronel deu o assunto por encerrado, mas ficou preocupado com o religioso, que, em termos de mulher, era perigoso. "Não se pode confiar nem nos padres!", pensou. Sabia que estava postergando muito a realização dos seus desejos e isso não era bom; já deveria ter chamado a moça em seu escritório para seus propósitos, mas estava adiando, preocupado com os impostos das últimas exportações, e a conversa com a moça deveria ser realizada com calma. No dia seguinte viajaria ao Rio de Janeiro para resolver na alfândega as mudanças combinadas no cálculo do imposto.

Pérola Negra

Disse à sua esposa que ficaria ausente por alguns dias, explicando os motivos de modo superficial, e foi fazer a sesta após o lauto almoço. Dormiu pensando em Estrela e fazendo planos para encontrá-la nos próximos dias.

Era costume os senhores terem filhos com as cativas, para aumentarem o número de escravos, prática aceita pela Igreja devido ao ensinamento de Jesus: "Crescei-vos e multiplicai-vos". Belarmina concordava sem reclamar com as viagens do marido, porque lhe eram convenientes e também porque, no entendimento dela, o que ele fazia não tinha nenhuma importância – escravo não era gente, era objeto.

Capítulo
5

PREPARATIVOS PARA O RAPTO

Inegável o grandioso progresso que a Corte portuguesa trouxe ao Brasil durante o período de treze anos em que se instalou no Rio de Janeiro, de 1808 a 1821. Na real comitiva vieram o príncipe regente dom João VI; sua mãe, a rainha dona Maria I; sua esposa, Carlota Joaquina; seus filhos, entre eles, dom Pedro, o futuro imperador do Brasil; além de mais de 15 mil portugueses, entre nobres, militares, engenheiros, autoridades eclesiásticas e funcionários da Coroa. Dom João VI ganhou de presente de um grande traficante de escravos a mais bela casa do Rio de Janeiro, uma construção retangular de três andares, que ficou conhecida como Palácio de São Cristovão. E, para abrigar o restante dos portugueses que o acompanhavam, escreviam nas portas das casas o "P.R.", que significava "Príncipe Regente", mas o povo traduziu para "Ponha-se na Rua", tendo sido aproximadamente 2 mil casas, as melhores, confiscadas na capital da colônia para esse fim. Dom João organizou a estrutura administrativa do governo, nomeando ministros de Estado, diversas secretarias públicas, tribunais de justiça, e criou também o Banco do Brasil.

Essas mudanças provocaram o aumento da população para mais de 100 mil habitantes no Rio de Janeiro, pois muitas pessoas vieram do interior do estado para participar de oportunidades e negócios da Corte. As novas construções na capital passaram a seguir o padrão europeu. Com a abertura dos portos promovida pelo rei, o movimento aumentou de 500 para 1.200 navios anuais.

Muitos franceses aportaram em terras brasileiras, e a moda parisiense influenciou costureiras, floristas, fabricantes de chapéus, alfaiates, cabeleireiros, livreiros, professores, parteiras, artistas. Vestir-se, comportar-se à moda francesa era sinônimo de muito bom gosto. Os comerciantes franceses invadiram a rua do Ouvidor, transformando-a no mais francês dos lugares, sendo essa rua estreita e acanhada, embora tenha se tornado famosa, símbolo de refinamento, onde era proibida a circulação de escravos.

Foram criadas Escolas de Cirurgia, a Academia da Marinha e o Observatório Astronômico em 1808, logo após a chegada da família real. Em 1810 foram criadas a Aula de Comércio, o Jardim Botânico e a Academia Militar. Os jovens estudantes dessas escolas de ensino superior tinham acesso a bailes e festividades da Corte. Em 1813, foram criados também a Academia Médico-Cirúrgica e o Teatro São João, hoje Teatro João Caetano. O Laboratório de Química foi criado em 1818. A presença de famosos artistas estrangeiros, franceses, ingleses, holandeses, tornou o Brasil conhecido mundialmente por meio de livros, jornais e revistas.

Antes dos últimos acordes da orquestra regida pelo famoso maestro Marcos Antonio da Fonseca Portugal, conhecido como Marcos Portugal, que animava o baile da Corte, Teodoro procurou o amigo.

– Joaquim, quais são as novidades?

– Os dois caixeiros partirão amanhã para a fazenda, a fim de aproveitar que hoje o coronel está aqui no Rio e vai ficar alguns dias. Estou aguardando a confirmação.

– O que está sendo planejado? – perguntou Teodoro, demonstrando nervosismo.

– Os caixeiros-viajantes fazem aquela região; trabalham com perfumes, cremes e vários produtos da França, além de tecidos luxuosos, roupas, bijuterias. Vendem de tudo. A mulher do coronel é freguesa deles. Conhecem a casa e sabem onde fica a nova escrava, pois sempre que vão à fazenda são convidados para tomar café ao cair da tarde, com bolachas portuguesas. Disseram que à noite, depois que a senzala é fechada a correntes, a fazenda fica totalmente deserta, sem uma viva alma, só silêncio e escuridão. E sabem também a localização do quarto da moça, que dorme com outras escravas: fica de frente para a lateral da casa, escondida pelo jardim.

– Mas eles são de confiança?

– Confiança absoluta!

– E quanto cobrarão pelo serviço?

– Disseram que, se quisermos, podem entregar a moça na sua casa ou no lugar em que for combinado – falou Joaquim com entusiasmo, revelando o preço cobrado, sendo que metade deveria ser pago naquele instante e o resto na entrega da cativa.

– Absurdo! É o preço de um escravo! Caro demais! Ela vale mais do que isso, mas não estou em condições de aceitar esse abuso.

– Teodoro, este é o preço de um escravo normal, comprado na praça. Mas raptar uma escrava, correr o risco de ser preso ou morrer na empreitada, é outra coisa. Não sou eu quem vai pagar, mas, se a presença dela recuperar sua alegria de viver, acho que está bom.

Após alguns minutos, pensativo, Teodoro ordenou:

– Pode dar continuidade ao trato; vou separar o dinheiro! Mas esse pessoal é bom mesmo?

– Já disse que sim. São experientes, trabalham com rapidez e sigilo. Somos engenheiros da Academia Militar, frequentamos a

Pérola Negra .

Corte, temos nome e reputação. Não poderemos ser presos por roubo de escravo! Por isso estou me valendo de pessoas tarimbadas, que sabem trabalhar. – Colocou a mão no ombro do amigo, que estava sentado no braço da poltrona de couro, e continuou: – Teodoro, já pensou onde vai colocar essa mulher?

– Não sei ainda. Acho que vou levá-la para Minas Gerais, onde tenho um primo que está começando com as plantações de café. Ele vai cuidar dela. O que você acha?

– Excelente! Acho que ela deve sumir do Rio de Janeiro; se ficar por aqui, será encontrada pelos capitães do mato. Mas ela não pode viajar sozinha, sem documentos. Será considerada foragida. Quem vai levá-la?

– Ainda não sei, mas, quanto aos documentos, conheço um pároco que poderá ajudar. Ele é contra a escravidão e tem ajudado muitos escravos! É o único que conheço; todos os outros padres têm seus escravos e não ajudam em nada.

– Mas e depois? Ele vai fazer a certidão de batismo pra ela? – perguntou Joaquim.

– Acredito que sim; preciso falar com ele.

– Você já deveria ter falado sobre isso! Ela foi marcada nas costas?

– Sim, assisti pessoalmente a essa horrível cena. É de uma crueldade indescritível, em que o ser humano é colocado abaixo dos animais. É o registro de escrava, que ela carregará para sempre! – Ficou pensativo por alguns momentos. – Posso conhecer melhor esse pessoal que vai libertá-la?

– É melhor você não aparecer por enquanto. Eles sabem o que deve ser feito, mas não sabem para quem é o serviço. E acho prudente levarem a moça direto para aquela cabana no mato.

– Boa ideia. Estarei lá com o restante do dinheiro. Vou levar uma muda de roupa, além de alguns alimentos. Será que ela já fala a nossa língua?

Enquanto a orquestra executava brilhantes composições, o serviçal trouxe a bandeja com algumas taças de vinho português e pequenos copos com cachaça. Ali da varanda do Palácio, sentados em confortáveis poltronas, tinham uma boa visão da praça e notaram alguns negros dançando em um canto do largo ao som ritmado de pequenos tambores, sob um dos postes com iluminação à base de azeite de peixe. Observaram a destreza e a harmonia dos rapazes. Apesar da orquestra, ouvia-se perfeitamente a melodia daqueles batuques sincopados, envolventes.

Após alguns instantes, algo inesperado aconteceu. Alguns soldados que pertenciam à Guarda Real da Polícia criada em 1809, responsáveis pelo policiamento de ruas e alamedas da cidade do Rio de Janeiro, que tinham armas e trajes idênticos aos da Guarda Real da Polícia de Lisboa, abordaram aquele grupo de jovens, ordenando que parassem com os atos de capoeiragem para não serem presos, no que foram atendidos de imediato. Naquela época havia o direito legal de punir com açoite os escravos praticantes de capoeira e recolhê-los ao Calabouço, situado no Morro do Castelo. Seus proprietários, para recuperá-los, deveriam pagar os custos do aprisionamento. A Guarda Real da Polícia deu origem à Polícia Militar do Rio de Janeiro.

Contrariados com a interrupção do show dos escravos, Teodoro e Joaquim voltaram para o salão a fim de acompanhar o final do baile.

Capítulo
6

O RAPTO

A fazendeira, aproveitando a ausência do marido, chamou Rosa, sua escrava de confiança.

— Hoje vou jantar na varanda de trás da casa. Acenda apenas dois lampiões, para ficar mais romântico. Quero a louça francesa, dois pratos e as taças novas. Não se esqueça da toalha bordada que acabei de comprar; engome-a e prepare também meu vinho.

— O vinho português?

— Não! Quero o meu vinho francês preferido, e não o do coronel! Ele está na Corte, bebendo e se divertindo, porque conheço meu marido. Eu também tenho o direito de aproveitar a vida.

— Quando ele voltará? — Rosa tinha liberdade para fazer esse tipo de pergunta.

– Amanhã à tarde.

– A senhora acha que poderemos fazer aquele prato especial? – perguntou a escrava, que estava acostumada com as providências que se repetiam nas viagens do patrão.

– Exatamente! Aquele prato! Vamos dar o que ele gosta... – e riu com malícia.

– A que horas devo servir o jantar? – perguntou com submissão.

– Quando todos estiverem dormindo, sem pressa. Quero silêncio e sigilo total.

João, um jovem mulato casado, era um capataz eficiente e trabalhador. De credibilidade comprovada, era obedecido pelos escravos e os comandava com energia, embora não os maltratasse. Desde que assumira as responsabilidades do engenho, havia se aproximado de Belarmina e, sob a proteção das escravas da casa-grande, era o convidado nas ausências do patrão, mesmo sabendo dos riscos que corria.

A fazenda possuía um conjunto de grandes edificações. Além das extensas áreas de plantio de cana, havia a casa do engenho, onde era moída a cana e extraída a garapa; a casa da aguardente; o alambique; e a casa-grande, que ficava em uma área nobre, reservada, onde não havia trânsito de pessoas.

Belarmina era bonita e elegante, apesar da idade, além de extremamente precavida e cuidadosa. De nenhuma parte do engenho se tinha visão da varanda que ficava nos fundos da casa, de frente para o morro. Usava, como das outras vezes, o quarto das escravas, que era arrumado condignamente, enquanto as três cativas ficavam escondidas na casa da rapadura, longe dos ruídos do casal. Antes do nascer do sol, o capataz iria avisá-las para que voltassem ao quarto. A fazendeira tinha horror de usar o próprio quarto nessas horas; dizia que era em respeito ao marido. Os escravos, como sempre, ficavam acorrentados na senzala, e os trabalhadores brancos ficavam em suas casas distantes.

Depois do jantar romântico, com beijos e carícias, o casal se recolheu, dois pombinhos fazendo juras de amor.

Próximo dali, os dois caixeiros-viajantes, encapuzados, desceram dos cavalos, que ficaram amarrados em uma árvore na mata. Seguiram a pé, contornando os arbustos para não serem vistos, em direção à lateral da casa-grande. Levavam cordas, além de outros materiais necessários, e também punhais, para possível intimidação, executando com segurança o que haviam planejado. Entraram pela porta destinada aos trabalhadores, que estava aberta. Pé ante pé, seguiram aos aposentos das escravas, cuja localização fora estudada minuciosamente. Escuridão total; a porta abriu sem ranger. O pequeno quarto tinha duas camas de solteiro unidas, como se fosse uma cama de casal, com duas pessoas dormindo cobertas por um alvo lençol. Com a agilidade de um felino, cada um deles subiu em um corpo, colocou o punhal no pescoço da vítima e falou baixo, mas com energia:

– Se gritar, morre! Se gritar, morre!

O capataz reagiu, entrando em luta corporal com seu agressor, mas, como estava ébrio, perdeu os sentidos depois de tomar o primeiro soco. A fazendeira ficou em estado de choque; em um primeiro momento pensou ser o coronel, que, sabendo de suas traições, tivesse contratado aqueles meliantes para matá-la. Porém, como não se preocuparam com ela, ficou muda, estática, achando que vivia um pesadelo. Os invasores colocaram o casal de barriga para baixo, amordaçados, as mãos e os pés amarrados, sempre com o perigoso punhal pressionando-lhes a garganta, quando notaram, sob a luz da lua entrando pela fresta da janela, que um estava em cima da fazendeira e o outro do capataz, e que ambos estavam nus. Afastaram-se, e um deles perguntou baixinho:

– Onde está a negra? E agora, o que vamos fazer?

– Agora vamos fugir e rezar para não sermos reconhecidos.

Saíram correndo e deixaram os dois imobilizados.

Antes do nascer do sol, as escravas estranharam a demora do capataz e foram até o quarto, quando depararam com aquele quadro inexplicável.

Quando voltou a si do tremendo susto, Belarmina perguntou com agressividade:

– Quem fez isto?

As três cativas, envergonhadas, nada responderam.

Pérola Negra

– Isso só pode ser coisa do meu marido! – falou revoltada. – Ele sempre fez o que quis, agora quer me proibir de fazer o que quero. Certamente sabia de tudo e contratou esses dois capangas para nos dar uma lição. Isso não vai ficar assim. Nunca fui tão humilhada em toda a minha vida! Bustamante pagará caro pela audácia! Poderíamos ter morrido nas mãos desses bandidos.

As três escravas, temerosas, concordaram que só podia ser vingança do fazendeiro. O capataz foi correndo para casa, devido ao adiantado da hora. Belarmina, após seu rápido desjejum, mais calma, ordenou:

– Margarida, vá chamar o João, rápido!

Ele apresentava um olho roxo, mas estava em plena atividade e atendeu prontamente ao pedido da fazendeira.

– Pois não, senhora!

– Alguém notou alguma coisa?

– Não, ninguém viu nada.

– Você tem ideia de quem são aqueles dois?

– Não tenho nenhuma pista, mas estou investigando.

– Ótimo. Vamos continuar nossa vida normalmente, e trate desse olho.

O capataz retirou-se apressado, enquanto Belarmina tomava outro chá de camomila. Parecia doente, pálida, com grandes olheiras. Ficou pensativa, arquitetando um plano para recepcionar o marido ignorante, que acreditava ser o causador daquilo. Rosa a serviu com cuidado e gentileza. Sob o efeito do susto e do vinho, o casal não vira nem reconhecera a voz dos marginais, mas o acontecido não poderia ser divulgado; teriam de manter segredo. Para distrair-se, saiu de casa e foi verificar as novas rosas no lindo roseiral, limpar os pequenos galhos e dar instruções ao jardineiro. Sabia que o coronel não retornaria à fazenda tão cedo; em geral, eram três ou quatro dias no Rio para atender às providências administrativas. Estava contrariada, quando foi abordada por padre Marcelo.

– Dona Belarmina, bom dia!

– Bom dia, padre! Como o senhor tem passado?

– Como a senhora sabe, as minhas responsabilidades estão em reunir as ovelhas do Senhor e trazê-las para Jesus, nosso Salvador.

– Sim. E em que posso ser útil?

– Estrela, a nova escrava, precisa conhecer os rituais da missa, os sacramentos. Se estiver pronta, poderá fazer sua confissão e se preparar condignamente para a nova vida aqui na fazenda. – Belarmina o interrompeu, porque não gostava daqueles falatórios.

– E daí, padre, o que o senhor quer?

– Daí que preciso que ela vá até a capela para aprender os rituais sagrados o quanto antes. Ela precisa se preparar, e, como trabalha diretamente com a senhora, espiritualizar-se é um dever cristão.

– Neste momento ela está ocupada, preparando o almoço. Estou surpresa... O senhor nunca se preocupou com os escravos, e agora está interessado nela?

– Dona Belarmina, para fazer meu trabalho de conversão espiritual, tenho de observar o serviço que realizam e onde podem ser úteis, isto é, como ela trabalha na casa-grande, deve ter uma preparação diferente. O cativo que cuida dos animais deve ter ensinamento espiritual diferente daquele que prepara o almoço; são outras responsabilidades.

– E quando serão estes ensinamentos?

– Peça a ela que vá à capela amanhã cedo; é o horário de que disponho.

– Pode ser às seis horas, antes de ela começar os preparativos para o almoço?

– Seria o ideal. Mas queria lhe pedir um favor: não fale nada para o coronel. Ele não gosta que eu trabalhe com as ovelhas do rebanho, mas minha obrigação sacerdotal é levar os ensinamentos de Jesus para todas as criaturas.

– Fique tranquilo, ele ainda estará na capital.

Durante o almoço, Belarmina deu as ordens:

– Estrela, amanhã cedo, às seis horas, vá para a capela, que o padre Marcelo quer conversar com você. Procure não demorar muito, pois tem o preparo do almoço.

Os escravos não haviam escolhido o catolicismo. Essa religião lhes fora imposta e tinham de segui-la; se não obedecessem, sofreriam castigos violentos até a morte. Quem não aceitasse o catolicismo estaria negando a Deus e aceitando o demônio. Com medo do castigo, fingiam que aceitavam, mas na verdade acreditavam nos seus deuses africanos e os seguiam, dando-lhes nomes de santos católicos, para fugir das chibatadas no tronco.

Capítulo
7

INVESTIGAÇÃO

João mulato, o capataz, ao examinar as redondezas, achou apenas as pisadas de dois cavalos e a árvore onde tinham sido amarrados. Nada mais; nenhuma pista. Também não reconheceu os encapuzados. Estava preocupado, pois acreditava, assim como Belarmina, que o coronel armara aquela armadilha. Não sabia por que não fora morto; devia ter acontecido alguma coisa que interrompera o trabalho dos facínoras. O coronel tinha viajado para não ser incriminado; era o álibi perfeito: estava longe da cena do crime, tudo acontecera na ausência dele.

A fazendeira conversou com as três escravas e as jurou de morte caso alguém ficasse sabendo daquela noite. A história seria que dois desconhecidos tinham invadido o quarto das escravas, mas, como não havia nenhum objeto ou coisa de valor que pudesse ser roubada, tinham fugido.

Estrela recusou-se a atender o pedido da patroa para que procurasse o padre pela manhã, pois fora alertada de que ele não era de confiança e estava com maus pressentimentos.[1] Contudo, a patroa havia sido dura com ela:

– Menina, nunca me desobedeça; isso pode lhe custar a vida, ou várias cicatrizes nas costas! – Baixou a voz e concluiu: – Faça o que eu mandei! – Recuou na agressividade, porque lembrou-se de que poderia precisar dela no futuro.

Estrela foi recebida pelo padre, que convidou-a para entrar em sua casa e fez sinal para que suas escravas se retirassem. Fechou a porta com chave e a conduziu até o sofá. Não era normal essa gentileza com um escravo; escravos não se sentavam diante de um branco, ainda mais se tratando de uma autoridade religiosa.

– Estrela, fiquei feliz com sua visita, com sua obediência. Os obedientes serão salvos e ganharão o céu. – O padre-capelão havia tirado esses ensinamentos não se sabia de onde.

Ela manteve-se muda, nervosa. Padre Marcelo começou a rezar em latim, gesticulando com as mãos, e depois a colocou de pé, continuando com os trejeitos esquisitos, circundando a moça como se quisesse envolvê-la na reza. Na realidade, queria dar credibilidade e transmitir confiança à vítima, como se fosse um momento sagrado, um ritual religioso. Mas o quadro era cômico, ridículo.

– Vou abençoá-la em nome de Deus e peço que tire sua roupa para melhor receber as bênçãos do céu em toda a sua pureza.

---

[1] Questão 522 – "O pressentimento é sempre uma advertência do Espírito Protetor? R – O pressentimento é o conselho íntimo e oculto de um Espírito que vos quer bem. Está também na intuição da escolha que se fez e é a voz do instinto. O Espírito, antes de encarnar, tem conhecimento das principais fases de sua existência, quer dizer, do gênero de provas nas quais se obriga. Quando estas têm um caráter marcante, ele conserva, no seu foro íntimo, uma espécie de impressão, que é a voz do instinto, despertando quando o momento se aproxima, como pressentimento". (*O Livro dos Espíritos*.)

Estrela não era ingênua; recusou a ordem do religioso e temia pelo que estava para acontecer, pois negro deveria ser submisso sempre, sob pena de ser chicoteado. Diante do pedido insolente, começou a tremer e aguardou o pior. Ele aproximou-se e tirou seu vestido, única peça que lhe cobria o corpo. Pensou em sair correndo, mas a porta estava trancada. Gritar também não adiantaria, pois a casa onde estava, atrás da capela, era isolada; não seria ouvida. Ficou nua, e o padre parou a certa distância, admirando seu corpo.

– Você é uma criação divina perfeita! Deve obedecer aos desígnios de Deus como mulher, cumprir suas funções de mulher para agradá-Lo, entregando-se de corpo e alma a fim de ganhar o céu! – Antes que o padre a envolvesse, porém, ela principiou a falar com segurança e voz grave:

– Padre, lembre-se de seus compromissos como sacerdote e respeite as mulheres como respeitaria Maria, a mãe de Jesus. – O padre recuou surpreso, sem entender. Estrela, porém, continuou com firmeza: – Sua missão é sagrada, seu dever aqui na terra é nobre; seja um legítimo representante de Deus e ampare em vez de ferir. Esta moça não está aqui para ser usada, mas para lhe mostrar suas responsabilidades como homem de Deus.

O padre ficou estático. Aquelas palavras tocavam sua consciência, lembrando-o de seu juramento, de sua missão como sacerdote católico. A voz prosseguiu:

– Aqui ao meu lado tem uma mulher importante que você ama muito e que quer falar com você. – Ele percebeu que a jovem estava em transe e não teve como impedir; sentia uma força superior que o controlava e só lhe restou concordar:

– Pois não, pode falar – respondeu inseguro. A moça mudou o timbre da voz e falou com doçura:

– Celo, meu filho, vista a moça! – Ele perdeu as forças e ajoelhou-se chorando ao reconhecer com nitidez a voz de sua mãe, que o chamava de Celo. – Não faça isso!

– Perdoe-me, perdoe-me. – Envergonhado, com as lágrimas banhando seu rosto, vestiu-a sem saber o que dizer.

Pérola Negra

– Agora, meu filho, não peque mais. Você já pecou muito e precisará prestar contas a Deus do que fez. Não maltrate mais ninguém; seja o santo de que a Igreja precisa. Ame todas as criaturas! Faça aos outros o que você gostaria de receber. – Depois de um curto espaço de tempo, encerrou a comunicação: – Seja feliz, filho querido. Deus o abençoe! Sou Filomena, sua mãe.

O padre deu um grito e desmaiou.

Ouviram-se batidas à porta. Estrela recuperou-se, sem saber direito o que havia acontecido.[2] Viu que estava vestida, pegou as chaves no bolso do padre, que já voltava a si, e abriu a porta. Era Rosa, aflita, que viera chamá-la a pedido da patroa; os preparativos para o almoço estavam atrasados. Saíram rapidamente, sem olhar para trás.

⁂

Bustamante retornou antes do que imaginavam. Depois do almoço, Belarmina contou da invasão dos dois desconhecidos, e o coronel ficou chocado com a audácia dos marginais. A fazendeira ficou horrorizada com o cinismo do marido, pois acreditava que ele era o mandante, mas deu continuidade aos relatos, como se estivesse acreditando no espanto dele. Bustamante quis conversar com as escravas para colher mais informações, mas a esposa o demoveu dessa ideia; ficou preocupada com que elas caíssem em contradição, e afirmou que estavam nervosas e ocupadas com outros afazeres. O coronel, contudo, ficou pensando que, se os larápios estavam em busca de valores, não iriam para o quarto das empregadas. E por que elas não haviam chamado o capataz? Ou o gerente do engenho? Ou qualquer outra pessoa que pudesse socorrê-las e saísse em busca dos desconhecidos? A história não convencia. Depois, quando estava supervisionando o engenho, notou que o capataz estava com o olho inchado e roxo, e quis saber o motivo:

– João, o que aconteceu com seu olho?

---

[2] Item 188 – "Médiuns naturais ou inconscientes: aqueles que produzem os fenômenos espontaneamente, sem nenhuma participação de sua vontade e, o mais frequentemente, com seu desconhecimento". (*O Livro dos Médiuns*.)

– Bati a cabeça na porta de casa – respondeu ele, nervoso.

– Quando foi isso? – perguntou o coronel.

– Ontem à noite.

– No mesmo dia em que entraram em casa? Você estava bêbado?

– Não, eu estava bem. Escorreguei e bati com a cara na porta.

– Sua mulher estava em casa? – continuou a interrogar o coronel, para desespero do capataz, que se sentia acuado.

– Ela estava em casa e me ajudou – mentiu João.

– Que bom que ajudou, pois seu olho está feio; ponha compressa de hortelã – e partiu a cavalo em direção à casa de aguardente, onde trabalhava a mulher do fiel capataz.

– Dona Maricota, o que aconteceu com o olho do seu marido?

– Ontem ele passou a noite fora, cuidando da senzala, pois havia suspeita de que um escravo pudesse fugir. Quando chegou em casa de manhã, estava machucado.

Bustamante, enfurecido, foi buscar o capataz e o levou até sua casa. Lá, chamou sua mulher e berrou para ela:

– Quero falar com as três!

– As três domésticas?

– Com quem mais poderia ser?

Belarmina foi buscá-las e, no trajeto até a sala, prometeu que mataria quem falasse a verdade. Depois de instantes, Rosa, Margarida e Estrela estavam na frente do casal de fazendeiros e do mulato.

– Quero saber o que aconteceu aqui em casa naquela noite.

Rosa começou a discursar sua mentira, e Belarmina não escondia seu descontrole.

– Entraram duas pessoas quando todos estavam dormindo; devem ter se assustado com alguma coisa e fugiram. Não conseguimos ver quem era, estava escuro.

– E por que o João está com o olho roxo? – perguntou o fazendeiro.

– Não sabemos, coronel – respondeu Rosa.

O coronel não estava desconfiado de sua mulher; pensava na escrava nova, que era bonita e despertava o interesse dos homens. A história do capataz não estava bem contada. Será que ele entrara na casa à noite e, por estar escuro, batera a cara no quarto da moça? Se batera, havia recebido o que merecia, pensou. Mas o fazendeiro não quis encerrar o assunto; estava nervoso, queria punir alguém. Tinha de haver um culpado naquela história.

– Estrela, venha aqui. – A moça aproximou-se, visivelmente nervosa, e Bustamante analisou-a mais uma vez, sentindo forte atração pela jovem. – Estrela, o que aconteceu ontem à noite aqui em casa?

A fazendeira ficou preocupada porque a moça era inexperiente e poderia complicar a situação. Com as outras serviçais não havia problema, mentiam bem. A dona da casa então interferiu:

– Não quero que você castigue a moça, que já está muito nervosa com o acontecido – e, habilmente, mudou o assunto: – Foi providencial que o padre a chamasse em particular para a capela hoje de manhã – completou a patroa com tranquilidade forçada.

– O padre Marcelo chamou você, e você foi sem minha autorização? – gritou o coronel para a jovem coitada, que estava com os olhos arregalados.

– Ela não sabia que você não tinha autorizado. A moça não tem culpa. O padre-capelão falou comigo e insistiu para que ela fosse até a capela – respondeu Belarmina.

– Alguém chame o padre Marcelo aqui agora! – berrou o fazendeiro enfurecido.

Padre Marcelo chegou rápido, sabendo a besteira que tinha feito. Abaixou a cabeça e ouviu a sentença:

– Padre, você desrespeitou minhas ordens e perdeu minha confiança; usou essa mulher sem minha autorização. Não permiti que o senhor chegasse perto dela, seu insolente, traidor, padre sem-vergonha!

– Coronel, em nome de Deus, preciso explicar... As coisas não são assim.

– Explique-se, vagabundo!

– O senhor tem razão. Chamei a moça sem sua autorização, mas em nenhum momento tive intenção de usá-la; pode confirmar com ela. Por causa do problema com o nome dela, que não é cristão, ela ainda estava sem as bênçãos de Deus, sem proteção nenhuma; precisava ser abençoada, e, no momento da bênção, ela recebeu espíritos. Um deles falou comigo, o que é condenado pela Igreja, pela Santa Inquisição. Isso mostrou que ela tem parte com o demônio; somente o diabo tem esses poderes. Estava esperando o senhor chegar para fazer a denúncia ao bispo e levá-la ao tribunal eclesiástico para a devida condenação.

– Ela vai ser queimada na fogueira por isso?

– Se for condenada, vai.

O coronel ficou com expressão cadavérica, paralisado e mudo. Já tinha ouvido desses casos, mas na sua fazenda? Perdeu totalmente o fio das investigações; desequilibrou-se. Uma mulher com o demônio no corpo? E justo a que ele queria? O corpo que ele apalpara tão bem? Aquele preço exorbitante jogado fora? Não sabia o que fazer! Na sala, o silêncio era total. Ouvia-se apenas, baixinho, o choro da escrava. Era inacreditável! Deu violento soco na mesa, pegou a taça francesa, encheu-a de aguardente e tomou de uma só vez. Sentou-se e ordenou:

– Padre, suma daqui!

– Como assim?

– Suma daqui!! – gritou, para toda a fazenda ouvir.

Belarmina levantou-se, pedindo que Rosa e Margarida levassem Estrela para o quarto, mas antes comentou à boca pequena:

– Fui salva pelo demônio!

Pérola Negra

Capítulo 8

PRESTAÇÃO DE CONTAS

À noite, quando as três estavam no quarto, Rosa e Margarida quiseram saber o que havia acontecido na entrevista com o padre.

— Estrela, ele abusou de você? – perguntou Rosa.

— Não, não me tocou, mas aconteceu algo estranho. Eu me lembro quando tirou minha roupa, quase morri de vergonha. Depois, senti um envolvimento estranho, como já aconteceu outras vezes. Comecei a falar coisas que não lembro, não parava de falar; o padre se ajoelhou e chorou, e eu não sabia o que fazer, estava apavorada.

— Você recebeu espíritos? Pelo que está dizendo, os espíritos falaram por seu intermédio, e o padre ficou assustado; agora, quer prejudicá-la, dizendo que você estava com o diabo. Esse padre é muito falso, nunca acreditei nele. Quero saber mais! Então isso já aconteceu antes? – perguntou Rosa; Margarida também estava curiosa.

– Quando estou numa situação difícil, seja ela qual for, recebo a visita de um espírito bom que vem me ajudar, que se aproxima de mim, me tranquiliza. Com o padre foi diferente; não vi espírito nenhum, mas senti uma energia estranha e perdi o controle de mim. Só depois recobrei os sentidos, mas não caí; fiquei de pé. Lembro-me apenas de algumas coisas.

– Que estranho! E quem é o espírito que se comunicou? Você sabe? – perguntou Margarida.

– Não conheço, mas é bom, muito bom.

– Será que ele pode aparecer aqui pra nós? – quis saber Rosa. Estrela abriu um sorriso e respondeu:

– Não é assim que as coisas acontecem. Ele vem quando quer, não quando eu quero. Não avisa antes.

– Você sente medo?

– Nenhum! Ao contrário, me sinto bem e não quero que vá embora, mas ele vai. – Sorriu e pensou consigo mesma: "Quem são esses espíritos? De onde vêm?"

Já era tarde e estavam cansadas. Trabalhavam mais do que os escravos da senzala, que paravam quando o sol se punha. Elas não; continuavam até os patrões se recolherem, mas sentiam-se felizes com as informações de Estrela. Dormiram profundamente e sonharam com o dia em que todos os homens seriam iguais.

O calor estava abrasador, mas as nuvens carregadas prenunciavam chuva. A mata era uma obra de arte da natureza: por todos os lados, lindas árvores e arbustos simétricos emolduravam o local. A cabana era simples, porém muito bonita e cercada de flores.

Fazia bom tempo que Teodoro e Joaquim esperavam com uma porção de frutas e doces deliciosos para receber a jovem raptada, bem como novas roupas, presentes e uma mala de couro, quando surgiram os dois caixeiros-viajantes. Depois dos cumprimentos, colocaram o pacote de dinheiro em cima da mesa e contaram o fracasso da ação: a moça não estava no quarto onde deveria estar; em seu lugar tinham encontrado a fazendeira e o capataz, dormindo um ao lado do outro, completamente nus. Haviam amarrado os dois e fugido.

– Não trouxeram a moça? O que aconteceu? Será que reconheceram vocês? – perguntou Teodoro preocupado.

– Não, já disse, ela não estava no quarto. Tomamos todas as precauções; acho que não fomos reconhecidos – disse um deles, desanimado.

– Não é possível! O que vamos fazer para resgatar essa moça? – perguntou Joaquim.

– Não vamos desistir. Voltaremos no próximo mês para novas vendas e tentaremos mais uma vez.

– Vocês não podem entrar na casa no mesmo dia em que forem vender; é muito arriscado.

– Não é isso que dissemos; voltaremos para descobrir onde elas ficam quando o quarto delas está sendo usado.

– Mas o problema é o tempo! Eu queria salvá-la para não ser torturada por aquele crápula! Quanto menos tempo ela ficar na fazenda, melhor. Os dias estão correndo, e nossas chances, diminuindo. Voltem amanhã com alguma desculpa, para apresentação de novos produtos, por exemplo – insistiu Teodoro.

– Não é possível, temos datas marcadas para essas visitas. Se anteciparmos, não será bom – respondeu Tonho, um dos caixeiros-viajantes.

Então Teodoro, militar corajoso, propôs:

– Vou buscá-la sozinho. Vocês explicam mais ou menos como são as coisas. Não esperarei a vontade de ninguém; aliás, a vontade é minha. Vou tirar essa moça de lá de qualquer jeito.

– O mais seguro é quando Bustamante estiver aqui no Rio – concluiu Tonho.

– Bustamante vem para o Rio nas exportações de açúcar; basta verificarmos as datas das saídas programadas no porto.

– Tenho uma ideia – disse o caixeiro. – Atrás da casa tem um morro. Se um de nós ficar de tocaia lá, teremos uma boa visão da casa, da movimentação das pessoas, e, possivelmente, veremos

Pérola Negra

para onde elas vão nessas noites. Iríamos nós três desta vez; Joaquim ficaria esperando.

Marcaram outra reunião na capital para novas providências. Tudo com a rapidez exigida por Teodoro. Pelos embarques de açúcar descobriram a data e fizeram o restante da programação.

Tonho desabafou para seu companheiro de vendas:

– Não podemos falhar desta vez. Não gostei nada do que aconteceu naquela noite.

Seu amigo ouviu e retrucou rindo:

– Você não gostou porque ficou em cima do capataz.

<hr/>

A fazenda estava em uma revolução total. O coronel pensava: "Meu capataz não é de confiança; mentiu pra mim. É escravo alforriado, mas foi de minha confiança por longos anos. Tudo indica que foi ele quem entrou no quarto das escravas, mas de quem levou o soco no olho? Nunca confiei no padre, me parece esperto demais e não respeitou minhas ordens; foi só eu viajar para ele levar a escrava nova pra casa dele, com o consentimento da minha mulher. Agora a escrava que eu queria pra mim está com o diabo no corpo. É muito peso para as minhas costas, não aguento mais!" Pensativo, encheu o copo com aguardente e a tomou de um só gole. Depois levantou-se cambaleante, foi até seu quarto e dormiu profundamente.

<hr/>

O padre-capelão terminou a denúncia em longa carta para o bispo Dom Coutinho. Relatou tudo minuciosamente, da maneira dele, incriminando a pobre coitada da moça e inventando o que não acontecera – uma tática para encobrir sua desobediência e sua falha grave como religioso. A seu pedido, a oficina do engenho fez uma jaula de madeira para transportá-la até o tribunal da Santa Inquisição, a fim de que não fugisse durante o transporte.

Ele seguiu as providências costumeiras que se aplicam nesses casos e depois procurou o fazendeiro para informar:

– Coronel Bustamante, amanhã vamos levar a escrava endemoniada para o Santo Ofício no Rio, aos cuidados do bispo – e, orgulhoso, mostrou a jaula, enaltecendo a segurança que havia no cruzamento das madeiras, impossibilitando possíveis tentativas de fuga. O fazendeiro olhou assustado, achando aquilo uma besteira desnecessária, mas manteve-se calmo e perguntou:

– O que ela fez mesmo?

– Recebeu espíritos na minha presença, esteve a serviço do diabo e precisa receber o julgamento necessário. É nosso dever cristão submetê-la ao tribunal eclesiástico.

– E essa jaula reforçada?

– É para não fugir; o diabo tem recursos que estamos longe de imaginar – disse o padre, convicto das providências que tomara.

– Ela só vai entrar nesta jaula se o senhor entrar com ela, para dar maior segurança. Se ela fizer alguma coisa no caminho, o senhor poderá agarrá-la pelo pescoço, forçando o diabo a sair correndo. Será seu sacrifício pelo cristianismo!

– Não posso, coronel. Quem ficará cuidando das ovelhas aqui na fazenda?

– Eu ficarei cuidando das suas ovelhas, seu lobo sem-vergonha.

– Coronel, não diga uma coisa dessas. O senhor está blasfemando, e isso é pecado. Sou o representante de Deus na terra! Sou um condutor de almas!

– Então venha, vamos testar a jaula. Entre nela e a force com as mãos e os pés, para confirmar se está segura; se o transporte será garantido. Entre rápido! – berrou. Com a ajuda do coronel, o padre foi empurrado para dentro da jaula. – Muito bem, vamos ao teste. Balance as grades com força, chute o teto, empurre a portinhola, force as laterais! – À medida que ia gritando, o padre ia, todo atrapalhado, seguindo as instruções e batendo por dentro em todo lugar da jaula. Nesse momento, em uma manobra ágil, o coronel tirou o ferrolho da entrada, e o padre ficou preso, trancado.

– Padre, vimos que essa caixa de madeira é segura mesmo! Parabéns pelo trabalho! O senhor só vai sair daí amanhã; quero

Pérola Negra

que faça o teste noturno também. E lembre-se: esta moça só sairá da minha casa quando eu quiser, mas o senhor já deveria ter saído há muito tempo. Aqui quem manda sou eu. Ela é minha, paguei muito caro por ela! E não se aproxime dela! Até amanhã, padreco – e retirou-se apressado, enquanto o padre gritava:

– Piedade! Piedade!

Com todos esses problemas na cabeça, o fazendeiro andava indisposto, contrariado. Não queria viajar, estava cansado, mas era o único que poderia assinar as notas cambiais na alfândega para o pagamento dos impostos ao rei, então decidiu que viajaria, mas ficaria apenas um dia; não se encontraria com os amigos para saber as novidades da Corte. Não disse nada à sua mulher sobre essa viagem mais curta, pois, se resolvesse ficar mais tempo no Rio, ficaria. Da outra vez havia dito que retornaria, mas não voltara por causa das chuvas, e a fazenda ficara em polvorosa, todos preocupados com a ausência do coronel. Agora sempre dizia que voltaria quando pudesse, sem marcar retorno, embora esse período fosse comumente de três ou quatro dias, não mais – tempo suficiente para matar as saudades das amantes.

Capítulo 9

BUSTAMANTE NO RIO

Preocupado com a alta dos impostos, Bustamante tentava convencer alguns funcionários da alfândega para alterar os cálculos do que deveria ser recolhido para o rei. Era uma boa oportunidade para ampliar sua grandiosa fortuna, mas ainda não tinha conseguido seu intento. Depois das reuniões e vários formulários preenchidos de acordo com as exigências do Palácio, exausto, foi procurado por um amigo de longa data, o Benevides, que o convidou para irem, como de outras vezes, ao botequim para beberem os famosos vinhos portugueses e um pouco de cachaça. A cachaça era considerada bebida de negros, índios e pobres, mas todos a consumiam, mesmo nos lugares refinados; tinha má fama, embora boa aceitação. Após sentarem-se nos melhores lugares do botequim, com vista para a natureza maravilhosa do Rio de Janeiro, Benevides foi claro em suas dúvidas:

– Bustamante, o que você achou da negra?

– Ainda não achei.

– Não é possível que esteja adiando esse apetitoso manjar; você está cometendo uma falta grave! – e riu com gosto, mas o coronel permaneceu sério.

– Benevides, você pensa que é fácil a vida num engenho? – Procurou desabafar com o amigo. – Você não imagina os problemas que tenho! Às vezes penso em largar tudo e voltar para nossa pátria querida, mas não posso. Você sabe que quem conseguiu aquelas terras para mim foi meu sogro? Pois bem, ele tem amigos na nobreza que poderiam se sentir traídos com minha recusa, e eu seria rejeitado pela família, inclusive por Belarmina. Atualmente, o porto do Rio é o maior da colônia, uma das maiores fontes de arrecadação de impostos. Sustentamos o rei e Portugal; nossa contribuição é significativa, pois exportamos açúcar para toda a Europa. Poderia parar, pois tenho recursos para o resto da vida, mas não devo. O rei precisa daqueles em quem confiou.

Ao ouvir isso, Benevides encheu-se de coragem:

– Bustamante, concordo com tudo o que falou, mas você precisa se dedicar mais à sua família, ficar em casa, não se ausentar do lar... Isso não é bom!

– Estou aqui porque não tenho um procurador. Você sabe como é difícil achar alguém de confiança. – Benevides, inquieto, interrompeu o amigo:

– Não se afaste da fazenda, Bustamante. Preciso lhe dizer com toda sinceridade de amigo que tem pardal na sua horta! – O fazendeiro emudeceu, recebendo o aviso como uma bomba. Sabia o que significava.

– Essa é uma grave acusação! Benevides, tem certeza do que está falando? – Trêmulo, perplexo, recuou na cadeira e ficou olhando fixamente para o amigo, a fim de examinar se ele falava sério.

– Como dois e dois são quatro! – respondeu Benevides. Bustamante bebeu o vinho de um gole só e encheu a taça vazia de cachaça, mas seu amigo segurou-lhe o braço.

– Não exagere, amigo. Precisa estar firme para resolver isso com calma, e não será agora. Você tem que estudar para fazer as coisas com segurança. Por enquanto, guarde suas forças que hoje à noite vamos para a Casa da Eny.

– Você sabe o nome do pardal?

– Não sei, mas vamos investigar e um dia saberemos. – Benevides desconversou para não preocupar ainda mais o amigo.

Na Casa da Eny, o fazendeiro era conhecido e esperado. Logo foi cercado com festa pelas cantoras da casa, que sabiam todas as músicas francesas da época, mas não fez a algazarra que fazia; manteve-se calado, introspectivo. Eny procurou cercá-lo de atenção, mas o importante freguês estava abalado com a informação de Benevides; mesmo os melhores vinhos portugueses não haviam conseguido lhe devolver o bom humor. Porém, a casa precisava faturar, e Eny colocou sua inteligência em funcionamento.

– Coronel, como estão as exportações de açúcar? – perguntou.

– Apesar dos impostos, estão bem! – e deu um sorriso forçado.

– É uma honra recebê-lo em nossa casa; temos o melhor que Copacabana pode oferecer! – disse com sensualidade e o charme fingido de sempre, mas de que Bustamante gostava. Nisso, ele viu um conhecido de longa data do outro lado da luxuosa sala e indagou:

– Eny, aquele é o conde Burgos?

– Sim, é um dos meus clientes preferidos, grande frequentador de nossa casa, depois de você, é claro. Quer que o apresente a você?

– Não, já o conheço dos trabalhos que realiza na alfândega e na conferência dos estoques; realmente, é uma pessoa muito importante. – Eny, sorrindo, fez um sinal, e uma de suas dançarinas trouxe o conde para junto deles. Percebia-se que o conde Burgos havia exagerado na bebida.

– Conde, quero lhe apresentar nosso amigo, o coronel Bustamante.

– Muito prazer, coronel. Já nos vimos. Aprovo suas planilhas com as declarações do que está indo para o navio. Precisamos conversar melhor; tenho notado divergência no que é pesado e nas quantidades registradas.

Bustamante pensou: "Era só o que me faltava... O homem quer discutir divergências de peso aqui na Casa da Eny; preciso contornar essas dúvidas para evitar problemas futuros". Depois de cumprimentar com elegância o conde, Bustamante ordenou com maestria:

– Eny, vejo que o nobre cavalheiro está muito bem acompanhado – fazia alusão à moça que enlaçava o pescoço do conde –, mas quero ofertar a ele o melhor vinho português de Copacabana, que tomaremos todos juntos, e presenteá-lo com uma joia. – Eny

Pérola Negra

fez leve sinal com o olhar, e uma moça belíssima desceu a escada em sua direção. O coronel cumprimentou-a com cordialidade e a ofereceu para o jovem conde, que a recebeu feliz, lisonjeado.

– Coronel, seremos grandes amigos! – disse o conde, agradecido.

Benevides, que a tudo assistia, sentiu-se orgulhoso com a astúcia do amigo e pensou: "Conquistou o homem que o fiscaliza oferecendo uma mulher que não é sua, enquanto a sua..."

Os novos amigos, abraçados, brindaram à saúde de todos no imenso salão. Bustamante, que já estava com outra companhia, devido à agilidade de Eny, disse à dirigente da casa:

– As despesas do conde são minhas; por favor, ponha em minha conta.

– Depois as meninas não querem que me apaixone por um verdadeiro cavalheiro! Um exemplo de homem! – completou Eny, pensando nos lucros da noite, enquanto beijava a face do fazendeiro sorridente que há pouco tempo estava introspectivo.

Com a ausência de Bustamante, o encontro de sua esposa com o amante era sempre arquitetado com esmero. A noite estava clara, salpicada de estrelas, e uma brisa reconfortante soprava com suavidade, fazendo com que as árvores entoassem a canção própria dos apaixonados. Como medida de segurança, haviam colocado uma tranca pelo lado de dentro do quarto das escravas, o que não seria permitido pelo dono da casa, pois escravo devia ser trancado, e não se trancar. "Desta vez não haverá susto", pensaram. Depois de servirem o jantar romântico, preparado com requinte, as três serviçais saíram em direção à casa da rapadura, onde o depósito encontrava-se preparado, sem perceberem que estavam sendo observadas do morro próximo; apesar de o trajeto ser coberto por amplas folhagens, a movimentação delas no jardim era perceptível.

Quando o casal recolheu-se, Teodoro e os dois caixeiros decidiram raptar Estrela naquela noite. Sabiam que, se as escravas gritassem ou pedissem socorro, iriam revelar a traição da patroa, o que seria pior para elas e o casal. O momento era oportuno; o caminho estava preparado. Mãos à obra!

Capítulo 10

O SEGUNDO RAPTO

Todos os dias na senzala, ao anoitecer, os escravos entoavam doces canções para se despedirem do dia, lembrando com saudades a terra distante onde haviam nascido. Para alguns, esgotados do trabalho árduo, aquelas músicas eram cantigas de ninar.

Devido ao adiantado da hora, as três escravas que faziam serviços domésticos na casa-grande se acomodaram no depósito, vestindo ainda as roupas de trabalho. Na fazenda, o silêncio era total. Escutaram passos e ficaram apreensivas, deitadas atrás de uns cestos de vime usados para o transporte da rapadura, quando dois desconhecidos encapuzados entraram e, com rapidez, foram em direção a elas. Teodoro pediu:

– Não gritem. Se acordarem alguém, vocês complicarão a vida da sua patroa. Serão as culpadas pela desgraça dela e pagarão caro por isso. Silêncio! Não faremos mal a ninguém! – Assustadas, elas obedeceram.

Os intrusos amarraram e amordaçaram as que ficariam no depósito, conforme plano elaborado com cuidado. Não houve reação. Pegaram Estrela, que estava tranquila, fizeram o contorno por trás da casa e continuaram a pé por um caminho difícil, exatamente por onde tinham vindo. Teodoro estava emocionado, segurando a jovem com delicadeza. Colocou-a sobre o cavalo, subiu por trás dela, abraçou-a pela cintura, tirou o capuz e deu ordens aos cavalos. Missão cumprida. Fora tudo rápido. Depois de alguns segundos, os três estavam a galope a caminho da cabana no Rio de Janeiro. Chegaram exaustos, após algumas horas de cavalgada, quando o sol os recepcionava com os primeiros raios. Só pararam uma única vez, para os cavalos tomarem água e descansarem alguns minutos. Depois que estavam dentro da casa tosca, Teodoro pagou os outros dois caixeiros, agradeceu a ajuda deles e se despediu. Ficou sozinho com a moça negra que tocava seu coração. Ela continuava calma; sentia intuitivamente que ele agia para o seu bem. O jovem militar olhou nos olhos dela e, tímido, pediu permissão para abraçá-la. Ela pulou nos braços dele e ficaram assim alguns longos minutos. Foi ela quem falou primeiro:

– Um espírito me disse que você foi preparado para me salvar; isso me deixa muito feliz, mas queria que você trouxesse minhas amigas – e começou a chorar. – O que será delas? Elas também precisam de ajuda! E, como você está sendo preparado pelos espíritos, queria que encontrasse minha mãe. Não suporto viver sem minha querida mamãe.

– Depois podemos estudar o caso das suas amigas. A prioridade hoje é você; não suportava nossa separação, só pensava em você dia e noite. Mas não sabemos nada de sua mãe; onde ela está?

– Não sei para quem ela foi vendida – respondeu com tristeza.

– Qual é o seu nome?

– Estrela.

– Mas não é nome de santo! Como permitiram isso?

– O coronel obrigou o padre a manter esse nome.

– Como vamos fazer seu batismo novamente, que será seu documento de alforria, teremos que pensar em outro nome, pois o padre que conheço não vai aceitar um nome pagão. Estrela ilumina, deixa tudo claro, brilhante. Não pode ser Clara? Clara, de santa Clara, aí é possível. É nome de santa, o padre vai deixar.

– Sim, o espírito que me ajuda concordou com esse nome. – Esse negócio de a moça se referir a espíritos, Teodoro pensou que ela estivesse tendo alucinações, devido ao choque do que acontecera, e aceitou como normal.

– Você se lembra de mim?

– Não, não sei quem é você; sei apenas que é o homem da minha vida, um homem bom.

– Depois contarei como foi o dia em que a vi pela primeira vez. Agora vamos comer alguma coisa e descansar. – Ela sorriu agradecida, deixando as lágrimas rolarem pelo rosto.

Assim fizeram: alimentaram-se bem, dormiram pouco, mas profundamente. Estrela, ou Clara, acordou e ficou observando como seu salvador era lindo e como roncava alto. Teodoro estava muito feliz. Estavam ambos felizes.

Maricota não acreditou na história do marido e, logo que ele se ausentou, passou a segui-lo. Queria saber como era aquele trabalho de evitar a fuga de escravos. Viu quando ele foi até a casa-grande e, munida de coragem, resolveu entrar. Conhecia bem a casa, que tinha vários cômodos, mas não sabia onde estava o marido. Entrou e seguiu até a sala de jantar, recostou-se em uma rica cristaleira e começou a chorar. Por que seu marido estava fazendo isso se eram tão felizes? Por que os homens faziam essas escolhas? Escutou vozes na varanda localizada nos fundos da casa, aproximou-se um pouco mais e viu o marido de costas conversando com uma mulher que, pela penumbra, não podia ser reconhecida, mas estavam como dois enamorados. Escutou passos no corredor e recuou para não ser vista; poderiam ser as serviçais ou a fazendeira.

Maricota viu em cima da mesa alguns talheres de prata e duas facas grandes. Ainda chorando, pensou: "Vou dar um fim nisso".

Pérola Negra

Mas uma voz interior insistia para que ela voltasse para casa, que não deveria agredir ninguém. Mesmo assim, pegou uma faca. "Não aguento mais esta situação. Hoje resolvo tudo", pensou.

Foi para o quarto do casal e escondeu-se nas longas cortinas ao lado do armário de roupas. Depois de certo tempo, estranhou que o casal não tivesse ido para a cama e foi verificar. Não estavam jantando; onde estariam? Começou a procurá-los por toda a casa e não os encontrou. Nervosa, lembrou-se do quarto das escravas. Desceu a escada, virou à esquerda e viu o quarto totalmente escuro; ficou um tempo com o ouvido colado à porta, mas não escutou nada. Tentou abri-la, porém estava fechada; teve então a certeza de que os traidores estavam lá. Chorando, revoltada, voltou para casa com a faca e ficou esperando pelo marido.

No momento aprazado, o capataz foi avisar as escravas, um pouco antes do amanhecer, e diante do que encontrou entendeu que a invasão daquela vez estava ligada ao rapto de Estrela. Imediatamente, foi chamar o capitão do mato e seus capangas, que residiam em fazenda próxima, pois ela poderia estar por perto. Levou-o até o local onde vira as marcas dos cavalos da outra vez e, por sorte, as marcas tinham se repetido. Agora era seguir as pistas. João deu a descrição física de Estrela e avisou que poderiam ser dois raptores, como da outra vez; bastavam quatro soldados bem armados, mas com cavalos ágeis, pois as pistas poderiam ser prejudicadas pelo trânsito de outros animais durante o dia naquele trecho da estrada. O preço da recompensa seria discutido depois com o fazendeiro; o importante era a urgência para a recaptura da moça e a apreensão dos raptores.

João chegou em casa e começou a se explicar para a mulher, que o aguardava:

– Você não gosta que fiscalize os escravos à noite, mas hoje, veja como tenho razão: mesmo ficando na espreita a noite toda, a Estrela fugiu. Está vendo? A gente tem que ficar tomando conta dessa gente; não podemos descuidar um minuto! Bustamante vai ficar louco de raiva. Justo a Estrela, que ele gostava e queria para ele. Não sei como ela conseguiu fugir!

Com os olhos vermelhos de tanto chorar, a mulher gritou:

– Pare de falar mentiras, que não sou boba. Pensei em te matar, mas vou deixar para outra pessoa fazer isso; vou contar tudo ao coronel. Não esperava isso de você! Devolva isto! – e mostrou a faca em cima da mesa. João reconheceu o talher de prata e viu que ela não estava mentindo; estivera na casa-grande, e o marido traído poderia matá-lo.

– Maricotinha, você ficou louca? O que é isso, meu amor?

– Não me chame de "meu amor", que não sou seu amor e não quero você nesta casa. Quando o coronel voltar, terei uma conversa com ele; prepare-se, pois ele andava desconfiado e agora, com o que descobri, as coisas ficarão piores para o seu lado. Se não quiser morrer, diga com quem estava e saia da fazenda antes de o coronel chegar. Sempre que o homem viaja você faz a mesma coisa, com as mesmas desculpas. Não tem vergonha? Estava jantando com uma mulher que não reconheci, mas não poderia ser escrava, pelo luxo do lugar.

João entendeu que era seu fim. Começaram a discutir com violência, e ele pegou a faca e pulou como um gato em cima da esposa, que soltou um grito desesperador. Segurando-a pelo pescoço, imobilizou-a, mas ela era forte e não se intimidava. Ainda teve tempo de dizer:

– Maricota, eu te amo, me perdoe! – Preparou-se para esfaqueá-la e entraram em luta corporal, mas ela reagia com bravura.

Neste exato momento, Rosa apareceu na porta da casa do capataz e gritou:

– João, dona Belarmina pede que venha com urgência! – Como não obteve resposta e escutou gritos, entrou e viu o capataz em cima de Maricota com a faca na mão.

– Socorro! Socorro! – gritou ela desesperada.

A luta foi suspensa, e João, envergonhado, colocou a faca na mesa.

Pérola Negra

Capítulo 11

FUGA

Clara dormiu pouco. Teodoro, que estava cansado, acordou somente na hora do almoço. O capitão do mato estava a caminho; confundiu-se um pouco com as patas dos cavalos próximo da cidade, perdeu tempo, mas tinha boa experiência e estava no rumo certo. Teodoro arrumou-se sem pressa, contudo; não sabia que havia um grupo de homens se aproximando para apanhá-los. Deu as roupas novas para Clara e saíram ao encontro de Joaquim. Imediatamente após, chegaram o capitão e seus capangas, mas a cabana estava vazia. Examinaram-na externamente com cuidado e forçaram a porta; sem dificuldades, entraram.

A primeira peça encontrada foi o vestido da moça, que o capitão reconheceu como roupa de escravo, porém ficou preocupado, pois encontrou também uma camisa da Guarda Real militar, e não era bom arrumar problemas com essa gente, pensou. No entanto, continuaria as buscas pela recompensa, que sempre era boa. Saíram para se alimentar em um botequim próximo, mas ficaram de olho nos arredores.

Teodoro levou Clara para sua casa na cidade e, feliz, apresentou-a ao amigo Joaquim, com tudo preparado para se encontrarem com o padre a fim de cuidarem da documentação. Com roupas novas, Joaquim a observou melhor e disse que ela era elegante, bonita e tinha um olhar inteligente. Pela primeira vez na vida ela usava aquele tipo de roupa, e gostou do tratamento recebido. Chegando à paróquia distante, o padre, depois das saudações entre amigos, lavrou a carta de alforria em livro próprio, que seria o documento oficial de Clara, apresentando Teodoro de Alencar, engenheiro da Real Academia Militar, como proprietário legítimo da jovem. E, por sugestão do religioso, que sabia a realidade dos fatos, registraram-na como tendo nascido em 16 de julho de 1805, no Rio de Janeiro, capital do império, alforriada pelos bons serviços prestados, na presença de Joaquim de Melo, engenheiro da Real Academia Militar, seu padrinho ocular, e batizada nesta data com o nome de Clara de Assis. O documento foi lavrado à mão com pena e tinta, contendo a assinatura de todos os presentes. Ficou secando durante alguns minutos, pois não podia conter borrões, rasuras ou ressalvas. Deveria ser apresentado sempre que requisitado.

O padre conhecia os fatos e deu a declaração falsa, mas com naturalidade. Emocionado por ter libertado mais uma alma, dizia que escravizar não era comportamento cristão; era um erro grave que se cometia contra Jesus.

Clara chorou muito pela surpresa da sua libertação, pelo documento que assegurava sua liberdade perante os homens, pela bondade desses benfeitores que haviam caído do céu em sua vida. Mais uma vez, pediu pela sua querida mamãe. Eles se propuseram a procurá-la, mas de que maneira? Não havia por onde iniciar as buscas.

Como a cabana não era confortável, decidiram ficar na cidade e pernoitar na casa de Teodoro, que ficava na rua do Engenho, no Rio. Joaquim, o grande amigo, foi convidado a ficar com eles e aceitou, porque queria conhecer melhor a mulher que conquistara seu companheiro de farda.

À noite, passearam pelas ruas de Copacabana e despertaram a atenção dos passantes: dois moços brancos com uma negra. Teodoro ia descrevendo a capital do império com toda a sua beleza e natureza empolgante, como se fosse um guia turístico. Depois de uma vida de muitos sofrimentos, amenizados um pouco pela amizade sincera de Rosa e Margarida, ela estava deslumbrada com a visão da cidade e entendia os comentários jocosos, as brincadeiras; seus olhos brilhavam de felicidade. Estava começando a se enamorar de Teodoro!

Disseram que não poderiam levá-la para ouvir música na Corte – negros só entravam com autorização do delegado do posto policial, o que era difícil. Dom João era apaixonado por música e investira em um corpo de artistas com mais de cinquenta cantores. Trouxera em 1811 o famoso compositor e maestro português, Marcos Antonio da Fonseca Portugal, que compôs inúmeras peças famosas, inesquecíveis. Os concertos eram realizados na Capela Real, no recém-inaugurado Teatro São João, com 112 camarotes e 1.020 pessoas na plateia. A cidade respirava a realeza, o que a motivou a ampliar-se até São Cristovão, onde estava localizado o majestoso palácio que dom João ganhara de um grande traficante de escravos em 1808, quando havia chegado ao Rio.

Explicaram a ela que, infelizmente, o comércio de cativos rendia muito dinheiro, e que toda a riqueza do Brasil se devia à exploração dos escravos; que os judeus, negros e muçulmanos eram considerados pelos padres católicos raças impuras; informaram também, para surpresa dela, que o catolicismo não era uma religião cristã, porque não fazia nada do que Jesus tinha ensinado. Prometeram que contratariam alguém para ensiná-la a ler e escrever; emocionada, a jovem recordou-se mais uma vez de Rosa, a primeira pessoa que a acolhera, culta e inteligente. Sentia a falta da amiga e emocionou-se mais uma vez. Teodoro, carinhosamente, colocou o braço por cima de seus ombros perfeitos, e Joaquim, sorridente, fez o mesmo.

Pérola Negra

Os três caminhavam grudados, como amigos que se amam. Clara tinha quase a mesma altura dos seus novos protetores; era bem constituída fisicamente, tendo um porte elegante, traços finos e belos olhos. Eles estavam vestidos com a farda do Real Corpo de Engenheiros da Guarda Militar, vestimenta utilizada em Portugal e nas colônias, abraçados a uma negra, igualmente linda em um rico vestido branco. Era a primeira vez na vida que usava sapatos, que tinham sido adquiridos naquele mesmo dia na rua do Ouvidor. O Rio de Janeiro era moderno, uma vitrine das novidades que aconteciam no Brasil, influenciado por costumes franceses, pela vida europeia. Os três eram vistos pelos passantes com simpatia e perfeita aceitação. Nisso, dr. Libório, catedrático da escola militar, reconheceu seus dois alunos, aproximou-se sorridente e bateram continência, que é a saudação militar, uma das formas mais antigas e elevadas de respeito a camaradas e superiores; curioso, ele perguntou:

– Quem é a moça?

– É Clara, nossa pérola negra! – respondeu Teodoro orgulhoso. Todos sorriram, e ele reparou que o sorriso dela era uma obra de arte.

A casa era grande, confortável, mas tinha apenas dois quartos. Joaquim ajeitou-se na sala e começou a ler um livro; quando se preparavam para deitar, Clara ficou indecisa, pois ainda continuava abraçada ao seu benfeitor e não queria se separar dele. Teodoro explicou carinhosamente que só dormiriam juntos após o casamento; cada um deveria ficar em um quarto, o que contrariou sua amada, que se sentia atraída por ele. E, sorrindo matreira, perguntou:

– Beijar pode? – Sem esperar a resposta do oficial militar, beijou-o apaixonadamente, e depois deu-lhe mais beijos, e outros beijos, acompanhados de beijinhos carinhosos.

Pela primeira vez na vida ela sentia na alma as emoções do amor. E seu coração disparou quando ele disse fervorosamente:

– Eu te amo, meu amor!

– Teodoro, por que a gente não aproveitou o padre para fazer nosso casamento quando fez o documento de minha libertação?

– Tudo tem o momento certo; quando você voltar de Minas nos casaremos. Vou providenciar uma casa maior – e cada um foi para seu quarto, morrendo de vontade de ficarem juntos.

Na manhã seguinte, o sol claro do outono destacou a beleza deslumbrante da natureza que os envolvia. Teodoro explicou que aguardavam a confirmação do portador que a levaria para Minas, onde ela daria início aos estudos. Ela não gostou muito da ideia; queria ficar no Rio com ele, mas compreendeu que não era bom por enquanto; deveriam ter cautela até o caso cair no esquecimento e cessarem as buscas.

Capítulo 12

O RETORNO DO CORONEL

Bustamante aproveitara bem as noites no Rio em companhia do amigo Benevides. Divertira-se como nunca e aproveitara a amizade com o conde Burgos, oficial da alfândega, mas no caminho de volta para casa pensava nos problemas que o aguardavam. Imaginava a conversa franca que teria com a esposa, que poderia resultar na dissolução do seu casamento; ela precisava confessar quem era o pardal que estava bicando sua horta. Pensava em separar-se; muitos faziam isso depois de certa idade. Os filhos encontravam-se distantes e não iriam atrapalhar, mas aquilo teria repercussões familiares – sua mulher seria execrada publicamente.

Quando chegasse à fazenda, antes de qualquer coisa, iria chamar Estrela para o escritório. Não aguentava mais essa separação que durava uma eternidade; era um compromisso que vinha adiando e agora resolveria a qualquer custo; não conseguia afastá-la dos seus pensamentos. Divertira-se muito na casa de Eny, mas nenhuma daquelas mulheres se comparava à sua linda garota negra, que lhe custara os olhos da cara.

Observava os raios de sol por entre as árvores, a beleza do caminho, as lindas folhagens que envolviam os galhos, as flores, a brisa refrescante, o canto dos pássaros, e calculava o tempo para chegar. Tinha pressa; só faria uma parada rápida para dar água ao cavalo e continuaria com a maior velocidade possível. Precisava chegar logo, encontrar-se com Estrela; sentia pulsar nele todas as energias de um jovem romântico. Como ela estaria? Será que pensava nele também?

Entrou na fazenda a todo galope, como um raio, e foi direto ao escritório. Abriu a gaveta e guardou os papéis que trouxera da alfândega. Todos viram sua chegada, mas ninguém saiu para recepcioná-lo – ou melhor, esconderam-se, cautelosos. Nisso um gemido de dor de um negro que estava sendo torturado cortou o ar, e o grito repetiu-se outras vezes, mas ninguém se importou; já era rotina, estavam acostumados àquilo, e hoje o coronel tinha problemas maiores que a dor desse cativo.

"Escravo insolente", pensou Belarmina. "Tinha que gritar logo agora?" Invadiu o escritório do marido, sentou-se e falou apressada:

– Precisamos conversar sobre algumas coisas. – Nervosa, nem o cumprimentou. O fazendeiro, distraído com suas arrumações, não percebeu o estado da esposa, que repetiu: – Bustamante, precisamos conversar.

– O que a preocupa? Não pode esperar?

– Aconteceram algumas coisas na sua ausência que preciso falar com urgência.

– Pois então fale! Está com pressa? Fale! – Ele pensou que ela estivesse com problemas de consciência e queria confessar a traição.

– Na primeira noite em que você viajou, Maricota descobriu que João estava com a Estrela.

– O João com a Estrela?! – Se tivessem dado um tiro de canhão na sala, o choque do coronel não teria seria maior. Ficou alguns segundos com os olhos saltados, quase fora das órbitas, pálido e mudo.

– Conte-me como foi – disse trêmulo. – Não minta para mim! – implorou o fazendeiro, esquecendo-se do pardal.

– Você sabe que não minto. Quando você viajou, à noite João disse para Maricota que iria observar a senzala para evitar fugas, mas veio sorrateiramente para a casa-grande, subiu a escada e foi para o quarto onde Estrela o esperava. As outras duas escravas estavam em outro quarto e não perceberam nada. Maricota ficou desconfiada, seguiu o marido e viu os dois. Retornou desesperada para casa e esperou João com uma faca para matá-lo. Atracou-se com ele, mas Rosa, que passava por ali, ouviu os gritos e acabou com a briga, que terminaria em sangue. Estrela, escrava sem juízo, aproveitou a confusão e fugiu. Eu mesma, depois que os ânimos se acalmaram, pedi a João que chamasse o capitão do mato para capturá-la. Ele foi e ainda não voltou. Você precisa estipular a punição para essa escrava quando ela voltar; quanto a João, acho que se aplica o ditado que você usa: não tem problema, porque escrava é feita para servir o dono. Maricota já o desculpou e estão bem.

– Quem julga nesta casa sou eu! João não é dono de Estrela e vai pagar caro pelo que fez! Ele me desrespeitou, desrespeitou nossa casa, desrespeitou a mulher dele! Sem-vergonha!

– Mas, meu amor, foi você mesmo quem me ensinou que escrava não é gente, é mercadoria. – Estava nervosa porque percebeu que, sem querer, complicara a vida do amante, o pardal.

– As escravas da senzala estão disponíveis para ele e para quem quiser; nossas escravas, não! Estrela custou muito caro. Até o padre a queria, e eu o proibi de chegar perto dela, João sabia disso! Estrela é diferente; o padre a caluniou dizendo que ela tinha parte com o diabo, mas sabe o que fiz? Prendi o padre numa jaula! Agora, o que farei com quem abusou dela sem minha permissão?

Para a traidora, apesar de toda a confusão, era melhor tudo isso do que a verdade. Resolveu concordar com o marido e aceitar suas decisões.

Pérola Negra

– Bustamante, o importante é você aplicar a justiça! – disse categórica.

– Então chame o vagabundo sem-vergonha! – ordenou o fazendeiro.

Com Maricota, João e as escravas, ficou combinada aquela história que ela tinha contado – aquela era a verdade que deveria prevalecer, caso contrário, haveria duas ou três mortes na fazenda. Maricota sabia que o fazendeiro não perdoaria seu marido nem a própria esposa, traidores infames; os dois poderiam receber a pena fatal, e ela ficaria viúva e desamparada na vida. Como amava o marido, resolvera perdoá-lo, pois ele iria morrer. Ele havia lhe implorado perdão, e Maricota resolvera dar-lhe nova chance.

A fazendeira mais uma vez reclamou consigo mesma: "Meu marido faz o que bem entende e eu não posso fazer o que quero".

João entrou cabisbaixo. Tinha os olhos vermelhos e lágrimas no rosto. Belarmina estava morrendo de pena do amante. "Pobre coitado", pensava.

– João, você me traiu, me desrespeitou, desonrou meu lar; abusou da moça, seu canalha!

– Coronel, sei que errei e peço perdão, mas não abusei da moça. – Belarmina se agitou, assustada.

– Explique-se, traidor sem-vergonha!

– Naquela noite cheguei a entrar no quarto dela, mas não tive nada com Estrela; senti que estava errando, porque tenho muito respeito pelo senhor, e recuei. Desisti do que ia fazer, e ouvi passos do lado de fora do quarto. Depois vim a saber que era a minha mulher me procurando... Não fiz nada! Juro!

– Você tocou nela?

– Não, coronel, não a toquei. Quando ela voltar o senhor poderá confirmar o que estou falando. E hoje estou arrependido desse ato impensado; foi uma loucura da qual me arrependo amargamente.

– Sabe para onde ela fugiu?

– Não senhor, mas o capitão do mato ainda não voltou; vamos aguardar.

– Então vamos esperar por Gonçalo, e não faça mais isso! – berrou o fazendeiro. – Vou confirmar com ela se você a tocou. Se estiver mentindo, comece a rezar a partir de agora!

Belarmina queria comemorar a conclusão do caso com um grito de alegria, mas não podia.

Bustamante pediu que todos se retirassem, menos sua mulher. Sentou-se em sua poltrona e pensou: "Isto é comum acontecer; homem é bicho besta, às vezes comete um erro que custa o casamento e a expulsão da fazenda. Foi por pouco. Agora, quanto a Estrela, nunca vi mulher tão difícil quanto ela; essa dificuldade aumenta meu desejo", e fez uma expressão de homem safado, mas resolveu recuperar a seriedade e considerou com brutalidade:

– Belarmina, o assunto não terminou. Um amigo me pediu que tomasse cuidado, pois tem pardal na minha horta. Isso é verdade?

Ela pensou um pouco e respondeu com a categoria de uma grande atriz:

– Meu amor, desde o momento em que João subiu as escadas e entrou na casa-grande, tinha certeza de que esses boatos poderiam surgir, mas acho que agora está tudo resolvido.

– Então você não está me traindo? – perguntou, demonstrando alegria pela elucidação dos fatos.

– Ora, meu amor, trair você com um pardal? – e riram à beça.

Pérola Negra

Capítulo
13

O CAPITÃO DO MATO

Teodoro recebeu o amigo, pessoa de sua inteira confiança, que sabia a grande responsabilidade que assumira: tinha aceitado levar Clara para o Arraial de Santo Antonio do Ribeirão Santa Barbara, lugarejo que ficava na rota de passagem entre a Corte do Rio de Janeiro e as minas de Minas Gerais, caminho do ouro e dos diamantes, nos pés da imponente Serra do Caraça. Teodoro não poderia acompanhá-la nessa viagem; realizava trabalhos importantes para a Corte, um deles era a planificação da cidade para o projeto de arborização que seria iniciado. O plano era buscá-la nas Minas Gerais depois de seis meses, para que ficasse definitivamente no Rio; enquanto isso viveria como escrava liberta, com as condições estabelecidas por seus protetores, sendo que uma delas era a contratação de um professor particular para dar início aos seus estudos. Eles não tinham interesse em voltar à cabana, mas alguém lembrou que lá haviam ficado algumas coisas que tinham sido compradas e poderiam ser aproveitadas por ela, apesar de estar com o enxoval completo, inclusive com cremes e perfumes franceses. Teodoro percebeu que Clara não gostara da ideia de voltar à cabana e perguntou:

– O que foi? Parece que de uma hora para outra você perdeu a alegria.

– Não gostaria de passar por lá; uma coisa me diz que deveríamos seguir como estamos.[1]

– Lá é praticamente passagem; seremos rápidos, não se preocupe. Ainda é cedo.

Foram preparados dois bons cavalos para a longa viagem. Com o mapa e as anotações saberiam onde parar para reabastecer as forças, dar água para os animais e apreciar a linda paisagem. Clara vestia um par de botas de cano longo, uma camisa de algodão grosso com duas algibeiras e todos os acessórios necessários. Seus amigos queridos iriam acompanhá-la até a saída da cidade. Partiram a galope; a cabana ficava no caminho de saída.

Lá chegando, desceram, e Joaquim notou que a porta havia sido forçada.

– Alguém entrou aqui; a fechadura está quebrada!

A cabana ficava em um local afastado. Olharam em volta e nada viram de suspeito. Mas o clima ficou tenso. Examinaram as roupas e os objetos, e nada do que estava ali poderia ser aproveitado; deveriam ter seguido direto. Clara estava impaciente.

Os raios de sol despertaram os pássaros, que, em bandos, pareciam entoar lindas canções de despedida. Joaquim, esquecido da pressa, seguro de si por ser militar valente, insistiu para um chá de despedida. Separou as xícaras e fizeram uma solenidade divertida,

---

[1] Questão 495 – "Deveríeis conhecer melhor essa verdade! Quantas vezes ela vos ajudaria nos momentos de crise; quantas vezes ela vos salvaria dos maus Espíritos! Todavia, no grande dia, este anjo de bondade terá frequentemente de vos dizer: 'Não te disse isto? E não o fizeste; não te mostrei o abismo? e aí te precipitaste; não te fiz ouvir na consciência a voz da verdade? E não seguiste os conselhos da mentira? Ah! Interrogai vossos anjos guardiães; estabelecei entre eles e vós essa ternura íntima que reina entre os melhores amigos. Não penseis em esconder-lhes nada, porque eles têm os olhos de Deus, e não podeis enganá-los". (Resposta de São Luiz e Santo Agostinho, *O Livro dos Espíritos*.)

mas triste; era uma separação provisória, mas ainda assim uma separação. Clara de Assis trazia sua carta de alforria, uma correspondência endereçada ao primo de Teodoro e uma quantia em dinheiro para as despesas com a viagem e sua estada no período combinado.

Logo os quatro cavaleiros seguiram em direção à saída da cidade, e seu protetor admirou-se de sua destreza no manejo do animal. Ultrapassada a fronteira da cidade, pararam para novos abraços, lágrimas e votos de felicidade, com promessas de reencontro. Clara seguiu para seu novo destino. "Não existe alegria maior que dar liberdade a alguém que está preso injustamente!", pensou Teodoro.

Gonçalo, temível capitão do mato, e seus capangas estavam de tocaia e viram quando o grupo chegou à cabana. Apesar de não gostar de negros, o capitão não deixou de notar a beleza e elegância da moça, e fez sinal para que seus comparsas mantivessem distância, pois dois do grupo estavam fardados, o que exigia cuidado redobrado. Cogitaram desistir, pois com proteção militar não teriam a menor chance em recapturá-la.

— Vamos observar mais um pouco para explicarmos ao coronel — disse o capitão.

Depois que todos saíram da cabana em direção à fronteira do estado, Gonçalo, por precaução, esperou desaparecerem na estrada, até ficarem longe do seu campo de visão, e iniciou uma perseguição, seguindo apenas as pistas deixadas pelos cavalos. Após um bom tempo, os dois militares retornaram pela mesma estrada e cruzaram com o capitão do mato sem desconfiarem de nada, pois não eram os únicos cavaleiros naquela trilha. O caçador de escravos alertou seus três comandados:

— Ela ficou apenas com aquele rapaz; vamos descobrir qual a direção que tomarão — e imprimiram maior velocidade nos animais. Depois de alguns minutos se aproximaram e viram o casal em acentuado galope rumo a Minas Gerais. Com a experiência do bom caçador, esperou quando a estrada ficou vazia em determinado trecho e, sem testemunhas, fez a abordagem com truculência.

Pego de surpresa, o amigo de Teodoro não teve tempo de sacar a arma; foi agarrado por trás e caiu juntamente com seu agressor. Outro caçador puxou as rédeas de Clara e desviou o cavalo para o mato, derrubando-a entre as folhagens. O rapaz foi imobilizado no pé de uma árvore, mãos e pés amarrados, amordaçado, em um local de difícil acesso, longe da visão dos passantes. Clara não parava de chorar. Foi amarrada, as mãos e os pés, e em seu pescoço colocaram um colar de ferro com quatro pontas, símbolo do escravo fugitivo recapturado. Deixaram-na com as roupas que vestia, mas tiraram suas botas e as jogaram no mato; ficou descalça como todas as escravas. O cavalo do primo de Teodoro sumiu no mato. Clara foi colocada em seu animal e voltou escoltada por quatro homens violentos. Durante a luta, ela perdera o cesto onde estavam seus documentos e dinheiro. O capitão deu instruções aos companheiros:

– Vamos voltar pelo mato, beirando o córrego do ouro, longe da estrada. Se alguém quiser nos achar, será difícil – disse rindo, orgulhoso com o sucesso da empreitada.

Como Clara não reagiu, não foi agredida; apenas feriu-se em um dos braços na queda do cavalo. O capitão não tirava os olhos dela.

Depois de algumas horas, a primeira parada foi às margens do riacho, onde um dos caçadores pegou água com a cuia e misturou com sal e farinha de mandioca, preparando a refeição costumeira em uma fogueira improvisada. A parte de Clara foi jogada no chão, mas, com as mãos amarradas e o colar de ferro no pescoço, não alcançou o alimento, sob a gargalhada debochada dos que assistiam seu esforço inútil de alcançar o angu. Os caçadores não queriam que ela contaminasse a cuia com sua boca de escrava. Durante o trajeto, só tomou água utilizando o próprio cantil; seus algozes só tomavam aguardente.

Ao ser conduzida pelos captores pela mata, Clara chorava desesperadamente. Pensava desolada que, quando tudo parecia estar melhorando, acontecera um desastre inimaginável; pensava em Teodoro, seu amado; lembrava-se da mãe, que poderia estar sofrendo mais do que ela, e soluçava deixando que as lágrimas molhassem seu rosto. No meio de todo aquele sofrimento alguém soprava em seu ouvido que deveria ter fé e confiar em Deus; que tivesse paciência pois tudo passaria, por maiores que fossem as dores.

Em uma das noites, Gonçalo ficou analisando sua presa com insistência. Quando seus capangas dormiram, levantou-se sorrateiramente e aproximou-se da moça, que dormia recostada em uma árvore; o colar de ferro com quatro pontas não permitia que ela se deitasse. Inclinou-se e passou a admirar sua beleza, seus traços perfeitos, seu corpo. Devagar, começou a levantar seu vestido, mas ela acordou assustada e gritou:

— Não faça isso! Não sou sua escrava, me respeite! — Os capangas acordaram e passaram a rir do capitão, que, com o grito dela, dera um pulo para trás.

— Por que recuou? Está com medo dela ou do coronel? Você não é homem? — Bêbados, zombavam do valente capitão.

A moça não tinha como se defender. O capitão a segurou pelo colar e a puxou como se fosse arrancar seu pescoço. Ela deu um grito no mesmo instante em que ele dizia:

— Quando você está comigo, quem manda sou eu! Eu sou o seu coronel! Faço o que quero; obedeça, senão arranco sua cabeça. E pare de gritar!

— Não se aproxime! Não permito que me toque. Prepare-se para enfrentar o coronel Bustamante, seu covarde! Você vai prestar contas ao coronel! — Lutava como podia, contorcendo-se, enquanto ele tentava tirar sua roupa à força. Com raiva da reação dela, deu-lhe violento soco no rosto, que a jogou de súbito para trás. Devido ao declive do terreno, ela rolou para o lado de alguns arbustos, mas não tinha como evitar o ataque infame; ele era um homem forte, treinado para lutar com escravos e abusar das mulheres. Sob efeito da aguardente, Gonçalo não desistiu. Avançou em sua direção, mas desequilibrou-se e caiu de joelhos em cima de uma cobra. Foi picado na coxa e gritou alto, sentindo terrível dor. Sem conseguir levantar-se, ficou de joelhos com as duas mãos no local do ferimento.

Pérola Negra

– Olha o que você fez! – disse desesperado. – Olha o que você fez! Socorro! – Depois de alguns instantes perdeu a visão e estendeu as mãos para a frente, como se impedisse a aproximação de alguém, enquanto gritava: – Você está me matando! Você está me matando! – e caiu morto, tal a violência do veneno da serpente.

Os capangas que assistiam à cena viram quando ele tombou sem vida. Aproximaram-se e constataram que o capitão Gonçalo estava com os olhos esbugalhados, o rosto deformado; iluminado com a luz da lua, parecia um horrendo fantasma. Apavorados, os três saíram correndo em direção aos cavalos, achando que aquilo fora obra do demônio; que, com a ajuda do diabo, ela tinha matado o capitão, e fugiram em desabalada carreira.

Clara não tinha entendido nada do que acontecera. Rastejando, aproximou-se do capitão, que estava imóvel, e viu uma cobra enrolada em seu pescoço; só então compreendeu que ele estava morto. Com dificuldade tirou da cintura do cadáver uma pequena espada e, com muito esforço, começou a cortar as amarras dos pés e das mãos. Só não encontrou as chaves para abrir o colar. Estava enfraquecida por alimentar-se mal, mas encontrou forças para apoiar-se no estribo e erguer-se sobre o cavalo. Sentiu tonturas; o mundo parecia girar à sua volta. Inclinou-se sobre o pescoço do animal para não cair, abraçou-o e começou a andar vagarosamente sem destino.

Capítulo

14

A VOLTA DOS CAÇADORES

Os três capangas chegaram à fazenda depois de uma viagem extremamente cansativa. Comunicaram ao capataz todo o ocorrido: que a escrava havia enfeitiçado o capitão do mato, que ele queria atacá-la a qualquer custo, que ela havia gritado e ele caíra morto instantaneamente; tombara como uma pedra, provando que ela tinha parte com o diabo. O capataz lembrou-se de que o padre queria levá-la para ser julgada pela Santa Inquisição; chegaram até a fazer uma jaula para transportá-la, mas o coronel não permitira que ela saísse da fazenda. "O padre tinha razão; deu no que deu", pensou.

Calcularam a distância e o tempo da viagem, e acharam justo voltar ao local da tragédia para enterrar o capitão e recuperar a escrava, que estava amarrada – não tinha por onde escapar. Dos três capangas, só um mostrou-se mais corajoso e aceitou voltar; os outros dois estavam com medo. Esse caçador de escravos foi orientando o capataz. Chegando ao local fatídico, encontraram o corpo do capitão, mas nem sinal da escrava; trataram de enterrar o defunto ao lado do riacho, no pé da serra, em um local denominado Boca do Bode, constatando pessoalmente o efeito que o demônio causara no homem; eram testemunhas oculares do processo de bruxaria.

– Não vou procurar essa mulher nem morto! – disse o corajoso caçador. – O ataque daquela mulher é mortal. – João concordou, impressionado com o que encontrara, afinal, Gonçalo era um homem forte e extremamente experiente. Preocupado, ordenou:

– Vamos voltar para a fazenda e comunicar o coronel sobre o acontecido.

O primo de Teodoro foi encontrado logo depois, sem água e sem comida, graças ao cavalo localizado na estrada por alguns viajantes. Como o animal era bonito, usava uma sela inglesa moderna; isso era sinal de que o dono era alguém importante. Saíram a procurá-lo, desconfiados de que o nobre cavaleiro fora assaltado e abandonado em algum lugar por ali. Foi o próprio cavalo quem os levou até aquele ponto na floresta onde o moço estava amarrado e desacordado; socorreram-no da melhor forma possível, recolhendo também algumas malas e cestos que encontraram espalhados pelo caminho. Depois de algumas horas, bem alimentado, apresentou melhoras. Agradecido, disse que poderia seguir sozinho e ofereceu recompensa aos bondosos viajantes, que não aceitaram, mas estranharam:

– Não levaram seu dinheiro?

– Não. Levaram apenas uma negra que estava seguindo comigo para Minas.

Após certo tempo de cavalgada, amarrou o cavalo no portão de madeira da casa de Teodoro, e parou uns instantes antes de entrar, pensando em como daria a notícia, pois sabia o choque

que causaria; a jovem era muito querida. Depois das tristes informações, entregou o cesto com os documentos, o dinheiro e as malas com as roupas. Teodoro ficou pálido, estarrecido com a terrível tragédia, e quem acompanhou sua aflição achava que ele não sobreviveria. Naquela época, homem não chorava, ainda mais sendo militar, mas a dor era tão grande que ele não se controlou: chorou o dia inteiro sentado na poltrona da sala, com um lenço na mão, olhando para o vazio. Não aceitou alimentar-se e não respondia quando perguntavam. Estava penalizado com a situação da jovem escrava. "Como pode uma moça, por ter a pele negra, sofrer tanto assim?", pensava. Foi o amigo Joaquim, mais uma vez, quem o tirou daquela situação lamentável.

— Teodoro, meu amigo, vamos continuar lutando com garra; quando morre um soldado, não acaba a guerra! Às armas, companheiro! Nosso objetivo é nobre, Deus está do nosso lado. Hoje mesmo vou pedir que os caixeiros-viajantes investiguem se ela chegou bem e como está. Levante-se, segundo-tenente! Nos momentos difíceis é que demonstramos nossa força. Não vamos recuar. À luta! À vitória! — Falou com tal ênfase, que Teodoro pareceu despertar. Bateu as duas mãos nos braços da poltrona e levantou-se decidido:

— Estou arrasado, estou triste, mas não recuarei! Vamos continuar. Agora a libertação dessa mulher, se ela estiver viva, é questão de honra! Custe o que custar, não vou desistir. Vamos à luta!

Depois de analisarem os fatos, decidiram que em primeiro lugar deveriam saber notícias dela. Teodoro impaciente cogitava invadir a fazenda e retirá-la à força, com o uso de armas, caso estivesse sendo torturada. Para começar imediatamente a investigação, no dia seguinte, o caixeiro partiu para o engenho. Mesmo não sendo o seu dia de visitas, iria inventar alguma desculpa para obter notícias de Clara. Ele também estava muito preocupado; sentia pena da infeliz garota. Quando estacionou sua bela carroça de comerciante bem-sucedido no pátio da casa-grande, foi recepcionado por Rosa.

— Hoje não é o seu dia; a patroa não poderá recebê-lo, está muito ocupada.

– Queria mostrar uns produtos que recebi de Paris. Se oferecê-los em outra fazenda não sobrará nada para vocês. Quero privilegiar dona Belarmina, que sempre foi excelente cliente. – Ele não mentia; ela comprava bem mesmo, e o importante é que estava sendo recebido por Rosa. Procurava remexer o interior da carroça em busca de alguns vestidos; enquanto isso, perguntou:

– Você tem notícias daquela sua amiga que fugiu?

– Como você sabe que ela fugiu?

– Certos comentários correm com velocidade e me preocupo com os bons clientes; sua patroa gostava da moça, sempre falou bem dela.

– Não temos notícias, quer dizer, temos mas não temos. Foi localizada, mas o capitão do mato que a encontrou morreu e foi enterrado lá mesmo, na Boca do Bode, e ela fugiu de novo.

– Meu Deus! O que houve? – perguntou fingindo espanto.

– Exatamente o que você ouviu: quando o capitão Gonçalo morreu, ela fugiu e não sabemos mais nada. Também estou preocupada, gostamos muito dela.

– Onde será que ela está? Pode estar perdida no mato! Ninguém vai procurá-la?

– Estão com medo. Dizem que o diabo a protege; ninguém quer saber dela. Os capangas voltaram apavorados!

– Você acha que ela fala com o diabo? – perguntou, para esticar a conversa.

– Que nada! É um doce de garota! Isso é boato que inventam. Espere aí que vou chamar sua cliente preferida.

– E o que acha o coronel Bustamante?

– Está triste, desconsolado. Era apaixonado por ela desde quando a comprou e não acredita no que falam, mas o capitão morreu mesmo e foi enterrado pelo capataz. O coronel está acabado! Está com raiva do mundo e se vingando cruelmente nos escravos da fazenda, exigindo cada vez mais dos trabalhadores, açoitando, torturando, maltratando, como se tivessem culpa. Anda dizendo que por onde passa percebe que estão rindo dele, mas ninguém faria isso! Só que ele ouve os risos!

– Isso é preocupante. Ele precisa se acalmar e respeitar os trabalhadores. Escravo não ganha pelo que produz e ainda apanha?

– Fique quieto! Se alguém ouve isso, você não entra mais nesta fazenda!

O caixeiro conseguiu as informações que buscava e ainda vendeu dois lindos vestidos para Belarmina, que ficou feliz com as compras. Diante da desumanidade com os cativos no engenho e da vontade de estrear os vestidos em boa companhia, insistiu para que o marido fosse a Copacabana encontrar-se com os amigos, mudar de ares, distrair-se, acalmar-se; a escrava seria encontrada a qualquer momento, disse-lhe. Bustamante reconheceu que estava totalmente descontrolado e aquiesceu de bom grado. Com a viagem aproveitaria para avisar os amigos do infeliz desaparecimento, para que a fugitiva não fosse comprada por algum fazendeiro desavisado, e quem sabe pudesse contratar no Rio outro capitão do mato mais eficiente. Pensando nisso, publicou na Gazeta do Rio de Janeiro o seguinte anúncio:

Escrava fugida – Fugiu da fazenda Santa Rita, engenho do norte fluminense, de propriedade do coronel Bustamante, uma jovem negra, muito bonita, trazida de Angola, traços belos e regulares, dentes alvos e regulares, corpo e estatura regular, rosto fino, boca fina, olhos vivos, fala mansa, não é rebelde, sabe trabalhar na casa e realiza belos cozidos. Quem a aprehender ou d´ella der noticia certa será bem gratificado, alem das despezas que fizer. Protesta-se igualmente com todo o rigor da lei contra quem a tiver acoutado.

Pérola Negra

Capítulo
15

CLARA E SEU NOVO LAR

O cavalo ia carregando com cuidado sua amazona; parecia entender sua saúde frágil e não avançava no galope, pisando com cuidado para que Clara, inconsciente, não escorregasse da sela.

Depois de um dia de marcha, o zeloso animal estacou não muito distante de um grupo de negros armados de arco e flecha, caçadores de capivaras, que acompanhavam o leito do rio. Alertados pelo barulho macio dos passos do cavalo na relva, esconderam-se atrás dos arbustos, receosos dos capitães em busca de recompensa. Observaram de longe quando o belo animal estacou cansado, trazendo em seu pescoço uma jovem negra fugitiva. Parecia estar pedindo ajuda àquele grupo assustado.

Após examinarem os arredores com cuidado, aproximaram-se e, ao tocarem no braço de Clara, ela tombou, mas em um gesto rápido aquele que parecia ser o chefe do grupo segurou-a, impedindo que caísse com o perigoso colar de ferro. O animal ainda permaneceu um bom tempo parado, antes de afastar-se e matar a sede no rio, enquanto Clara era socorrida com presteza. Seu colar de ferro mostrava sua dolorosa condição, e todos ficaram compadecidos com sua dor.

Após os primeiros socorros, foi carregada para o Quilombo da Cruz, incrustado com segurança nas entranhas do morro próximo, com suas casas armadas de barro, bambu e sapé. Era uma pequena aldeia com dez famílias e mais de quarenta crianças e adolescentes, que viviam da caça e da pesca, da plantação de mandioca, hortaliças, legumes, e da criação de galinhas e porcos. Havia também gatos, cachorros e dois macacos domesticados. Foi recolhida a uma cama improvisada, enquanto tentavam remover a marteladas o grampo que prendia seu colar – trabalho difícil, feito com cuidado, que demorou longas horas e feriu levemente seu pescoço.

Clara permaneceu inconsciente por uma semana e se alimentou unicamente de água de coco. Acreditavam que ela não sairia daquela situação, mas alguns moradores que se comunicavam com os espíritos estavam seguros de sua recuperação. Depois de sete dias, ela abriu os olhos lentamente e sorriu, surpreendendo a todos com a beleza de seu sorriso e o magnetismo de seu olhar. Em pouco tempo colaborava ativamente com as atividades da aldeia, um local onde todos viviam em perfeita harmonia, sempre temerosos de serem descobertos pelos caçadores de escravos.

Esse quilombo era especial; havia nele uma única branca, a portuguesa dona Otília, que se apaixonara por Tonhão, um negro forte e simpático que dançava ao som dos batuques. Ela era estudiosa, formara-se em Botânica na Universidade de Coimbra, uma das maiores de Portugal, e resolvera tornar-se freira ingressando na ordem religiosa Companhia de Jesus, com os chamados jesuítas, que tinham como objetivo espalhar a fé católica pelo mundo. Aceitara mudar-se para o Brasil para catequizar índios, mas os jesuítas desviaram o foco depois de amealharem extensa fortuna; com fazendas de gado, olarias, engenhos de açúcar, grandes propriedades, deixaram os índios de lado e construíram toda essa riqueza com a exploração desumana dos negros, o que a decepcionara sobremaneira, pois vira que o comportamento daqueles religiosos não condizia com os ensinamentos do Cordeiro de Deus.

Residindo em um engenho de cidade próxima, de propriedade dos jesuítas, preparou a fuga de Tonhão, negro que estava condenado à morte pelo açoite, por ter furtado raspas de rapadura para os colegas desnutridos da senzala, e depois uniu-se a ele fundando em local estratégico o Quilombo da Cruz. Não permitia que a chamassem de freira, e sim de dona Otília. Aplicou seus conhecimentos cristãos levando em consideração as práticas religiosas africanas, para não violentar a tradição dos negros, sempre ensinando sobre Jesus, suas parábolas, sua vida e seus exemplos. Ensinava que ninguém podia viver afastado do Mestre; deviam viver como Cristo vivia. Às vezes, quando estava introspectiva, saudosa, falava da amiga Benedita, que não pudera acompanhá-la na fuga. Contava que, se ela tivesse vindo, tudo teria sido muito mais fácil; era uma escrava inteligente, amorosa, com bons conhecimentos que seriam úteis ali no quilombo.

Apesar dos sacrifícios naturais da vida naquela situação difícil, os quilombolas aprendiam a ler e a escrever, e conheciam inúmeras plantas medicinais. Todos, adultos e crianças, tinham seus deveres, exercendo alguma atividade importante para o bem geral. Tinham até biblioteca.

Dona Otília, sempre que possível, ia até a Biblioteca Real, que possuía mais de sessenta mil livros trazidos por dom João VI de Portugal, e emprestava os que precisava para os estudos dos quilombolas. Naquele quilombo só não existia aguardente; o resto, tinha de tudo.

Dona Otília vivia com Tonhão e não tinham filhos, tinham apenas os filhos dos outros, que ela amava como se fossem seus. Clara ficou hospedada em sua casa. Otília Vergueiro instalou no quilombo água encanada, captada de uma fonte localizada em posição acima do local onde estavam, e, pela força da gravidade, com bambus e troncos escavados, transportava a água até um

Pérola Negra

ponto da aldeia, onde era utilizada para refeições coletivas, higiene pessoal e lavagem das roupas. Como estavam em uma encosta do morro, instalou banheiros em locais afastados, para evitar contaminações e doenças, que consistiam em um buraco no chão, cobertos por tábuas. Dava aulas de Astronomia, mostrando os astros que eram visíveis em noites claras e estreladas, explicando a grandiosidade de Deus e Sua existência. Eram aulas encantadoras, que deixavam as crianças com os olhos pregados no céu.

– Mãe Otília – era assim que a chamavam –, como Deus sabe que estamos aqui?

– Ele sabe de tudo e está em todos os lugares, assim como mantém a lua no céu sem cair – e apontava a lua cheia. – Ele também está dentro de você – a criança instintivamente colocava a mãozinha no peito, como querendo sentir Deus – e fala sempre com você!

– Comigo Ele nunca falou! – Todos riram na ocasião.

– Hoje, quando você atirou a pedra naquele passarinho, se arrependeu e o trouxe para ser curado, quem disse que você errou? Foi sua consciência. A consciência é a voz de Deus que fala com a gente.

– Deus está dentro dos brancos?

– Está em todas as pessoas.

– Então por que são maus?

– Deus fala com eles também, mas eles se recusam a ouvir. E sofrerão por isso. Lembra-se de quando plantamos milho?

– Sim.

– O que colheremos?

– Milho.

– E quem faz o mal, o que colherá?

A criança ficou muda, porque sabia das atrocidades cometidas pelos brancos. Apenas refletiu, fez cara de espanto, ensaiou um sorriso sem graça e ficou com pena daqueles homens. Otília entendeu o pensamento de seu aluno e completou:

– Somos todos filhos de Deus. A lei é igual para todos; tudo o que você plantar, colherá, não se esqueça disso!

A criança ficou cabisbaixa por uns instantes, pensando nos passarinhos que tinha matado.

Clara observava tudo e achava que estava no paraíso, tal era a harmonia e a paz que envolviam os quilombolas. Aproveitou para transmitir seus conhecimentos culinários, aprendeu a ler e a escrever em poucos dias, além das técnicas de plantio, e conheceu inúmeras ervas medicinais. Cuidou de crianças e até ensaiou alguns passos nas rodas de dança, mas sentia um vazio na alma; esse vazio era Teodoro, que não saía dos seus pensamentos. Ele frequentava seus sonhos, fazendo seu coração bater mais forte; era uma ausência sempre presente.

– Agora que você está bem, está na hora de procurar quem só pensa em você – disse Otília, que conhecia Clara o suficiente para abordar o assunto. – Existe uma pessoa que pensa em você e não sossegará enquanto não encontrá-la – insistiu.

– Eu também penso nele, e sei que um dia estaremos juntos! Enquanto isso, aproveito este ambiente maravilhoso que me acolheu. Sei que um dia, quando não estiver aqui, vou sentir a falta de todos. Sentirei saudades de vocês, principalmente da querida Mamãe Otília – falou rindo e abraçou emocionada aquela que a amparara com carinho de mãe. Dona Otília pediu que, à noite, no momento da música e das orações, ela abrisse seu coração para receber as orientações de que precisava.

Ao entardecer, com variados instrumentos de percussão de fabricação própria, deram início às músicas ritmadas, aos compassos harmônicos compostos com sabedoria e precisão. Os cantos traduziam as alegrias e às vezes as dores da alma; falavam da terra distante, dos amores perdidos, com poesia rica, de construção impecável. Alguns, envolvidos pela beleza dos acordes e pelo ritmo contagiante, dançavam ao som das palmas e dos gritos de alegria, em comemoração à felicidade que sentiam.

Em determinado momento, quando a música se tornava suave como uma prece, os espíritos protetores e simpatizantes do grupo[1]

---

[1] Questão 518 – "Sendo os Espíritos atraídos para os indivíduos pela sua simpatia, o são igualmente para as reuniões de indivíduos em razão de causas particulares?
R – Os Espíritos vão de preferência onde estão seus semelhantes; aí estão mais à vontade e mais seguros de serem ouvidos. O homem atrai para si os Espíritos em razão de suas tendências, quer esteja só ou formando uma coletividade, como uma sociedade, uma cidade ou um povo [...]" (*O Livro dos Espíritos.*)

Pérola Negra

se aproximavam e, aproveitando a condição mediúnica de cada um, comunicavam-se, aplicando passes e dando orientações com a finalidade de diminuir dores, aliviar sofrimentos, alimentar esperanças, consolar, curar, reanimar o coração daqueles irmãos refugiados da crueldade dos homens. Era uma oportunidade de grande elevação espiritual, permitida por Deus, em que acontecia o intercâmbio sadio dos que haviam partido com os que ainda continuavam no planeta de expiação e provas. Comunicavam-se espíritos de negros escravos, índios, padres, caboclos e também escravizadores arrependidos, chorando e pedindo perdão pelo que tinham feito.

Clara apurou sua mediunidade, seguindo as orientações daqueles espíritos bondosos, que traziam ensinamentos primorosos. Certa noite, quando o céu estava coberto de estrelas que brilhavam com grandioso esplendor, deixando todos admirados com a beleza do firmamento, Clara falou mediunizada:

– Já está na Terra o homem que organizará a terceira revelação de Deus aos homens,[2] sob o comando de Jesus!

– Será a volta de Jesus Cristo à Terra? – perguntou Otília, receptiva.

– Não – respondeu o bondoso espírito. – Jesus já está entre nós, nunca nos abandonou; disse que não nos deixaria órfãos, lembra-se? Esse missionário a que me refiro vive na França e esclarecerá que os homens já tiveram muitas vidas, de onde vieram, o que estão fazendo aqui e para onde vão. Isso será mostrado de forma simples, em perguntas e respostas, para compreensão de todos.

Otília chorou de emoção, pois entendeu que com o conhecimento das vidas sucessivas, a compreensão da reencarnação, os homens viveriam como verdadeiros irmãos.

---

[2] Hippolyte Léon Denizard Rivail nasceu em 3 de outubro de 1804, em Lyon, na França. Foi professor, gramático, tradutor, filósofo, educador, e em 18 de abril de 1857 lançou *O Livro dos Espíritos*. Adotou o pseudônimo de Allan Kardec para diferenciar seu trabalho na Doutrina Espírita de seus anteriores trabalhos na área pedagógica.

A umbanda foi criada oficialmente no início do século XX,[3] mas podemos afirmar com segurança que começou anonimamente no início do século XIX, com dona Otília, de forma organizada, em um quilombo com o sugestivo nome de Cruz, incrustado em um morro do Rio de Janeiro – embora as comunicações dos espíritos com os homens sempre existissem desde o descobrimento do Brasil.

A escravidão no Brasil durou mais de 350 anos, por volta da década de 1530 a 1888, o mais longo período de crueldade, a maior exploração física e moral de que se tem notícia! O Brasil atualmente é considerado um dos paises mais racistas do mundo, justificando-se assim a aversão de alguns espíritas pela umbanda – espíritas que ainda trazem na alma o repúdio pelos negros e ainda não vivenciam o que aprenderam no Evangelho de Jesus!

---

[3] A umbanda, única manifestação religiosa cem por cento brasileira, foi fundada em 16 de novembro de 1908 por Zélio Fernandino de Moraes, então com dezessete anos de idade, na rua Floriano Peixoto, n. 30, em São Gonçalo (RJ).

Capítulo
16

À PROCURA DE CLARA

Teodoro ficou feliz por Clara ter escapado das mãos do temível capitão do mato e encheu-se de esperança; ela certamente estava viva. Montaram uma pequena expedição: Teodoro e seu primo, Joaquim e um guia que os levaria até a Boca do Bode e os ajudaria na análise das pistas deixadas a partir daquele ponto. Não poderiam perder tempo; pensavam que ela por certo corria o risco de morrer, perdida naquela região perigosa da floresta, muito acidentada. Em lugares difíceis, onde a mata era fechada, não conseguiriam entrar a cavalo, o que dificultaria sobremaneira o transporte dos equipamentos.

Depois de alguns dias, Joaquim chamou a atenção do amigo:

– Teodoro, já vasculhamos essa floresta mais de seis vezes e nem sinal dela. Chega, vamos parar, não tem lógica continuarmos insistindo. Ela sumiu. Se estiver viva, um dia aparecerá. Viveu na selva africana, saberá retirar da mata os alimentos de que precisa, e o rio fornecerá a água e o sentido de direção. Todo rio caminha para o mar; de um lado os morros, de outro as praias. Ela é inteligente, vai conseguir sobreviver.

– Não! Quero continuar! Sinto que ela está viva, me esperando em algum lugar. Se quiserem parar, seguirei sozinho; tem muitos lugares que não vimos ainda, nem chegamos perto. Sei que é loucura de minha parte, mas vou seguir adiante. Nos sonhos, ela me diz que está bem.[1] Se diz que está bem, é questão de tempo; vamos achá-la. Então, vamos persistir!

Joaquim ficou pensativo durante um bom tempo, olhando os outros dois companheiros dormindo sob efeito da cachaça, cansados das várias entradas no matagal, todas sem sucesso. Fechou os olhos e pensou: "Será que Clara está viva? E se estiver morta? Se estiver morta, encontraremos os ossos. Alguma coisa vamos encontrar; acho melhor continuar, apesar do cansaço".

Resolveram partir do lado oposto de onde fora enterrado o capitão, do outro lado da Boca do Bode. Marcharam três dias mata adentro. O rio era sempre o ponto de referência, o local que ela procuraria se estivesse viva, pensaram. Carregavam um pequeno bote de madeira e remaram de um ponto a outro. Como o quilombo era abastecido por uma fonte de água distante, os quilombolas só iam ao rio para caçar e pescar; era um local considerado perigoso, portanto, por precaução, não deixavam vestígios de nenhuma espécie, o que impedia as buscas. Exaustos, depois da décima investida, resolveram suspender as marchas por alguns dias a fim de descansar e resolver os problemas

---

[1] Questão 402 – "Como podemos apreciar a liberdade do Espírito durante o sono? R – Pelos sonhos. Crede, enquanto o corpo repousa, o Espírito dispõe de mais faculdades que na vigília. Tem o conhecimento do passado e, algumas vezes, previsão do futuro. Adquire maior energia e pode entrar em comunicação com os outros Espíritos, seja neste mundo, seja em outro. Muitas vezes, dizes: Tive um sonho bizarro, um sonho horrível, mas que não tem nada de verossímil; enganas-te, é frequentemente uma lembrança dos lugares e das coisas que viste e verás em uma outra existência ou em um outro momento. Estando o corpo entorpecido, o Espírito esforça-se por quebrar seus grilhões, procurando no passado e no futuro. [...] O sonho liberta, em parte, a alma do corpo. Quando se dorme, se está, momentaneamente, no estado em que o homem se encontra, de maneira fixa, depois da morte". (*O Livro dos Espíritos*)

profissionais, que se acumulavam. As questões profissionais incomodavam muito, causando prejuízos irreparáveis.

Teodoro já tinha chorado todas as lágrimas; estava extremamente abatido. Programou retornar depois de duas semanas e continuar as buscas.

Bustamante chegou à casa de Eny, sentou-se à mesa de costume, chamou a garçonete e pediu o de sempre: um copo de aguardente, um litro de vinho português e uma porção de queijo. Duas lindas moças o cercaram, uma de cada lado, a pedido da dona da casa, e seguiram as instruções do que deveria ser feito para aumentar o faturamento do estabelecimento. O fazendeiro estava desconsolado, triste, infeliz, o que as fez aumentarem as doses de carinhos, beijinhos e afagos.

Pela primeira vez, o fazendeiro não estava gostando dessas intimidades. Lembrava-se da desejada Estrela e recriminava-se; não deveria ter adiado tanto o contato com a linda moça. Perdera a escrava mais querida, a escrava mais doce e mais linda que tinha conhecido.

Eny, mulher experiente e inteligente, não permitia que seus clientes ficassem indiferentes a carícias e abraços; aquele era um local para dar prazeres e alegrias, agradar os homens de todas as formas, de maneiras possíveis e impossíveis.

– Posso saber o que se passa em sua cabeça, coronel? – perguntou Eny, sorridente.

– Sim. Com você não tenho segredos...

– Nem poderia... – completou a dona do bordel com um risinho malicioso.

– Minha melhor escrava fugiu. Nunca a maltratei, nunca a ofendi, e ela fugiu. Sei que será possuída pelo primeiro que a encontrar; era muito bonita. Está sendo difícil viver sem ela!

– Então, coronel, o senhor está no lugar certo! Vamos divulgar para todos os coronéis da casa o acontecido e dizer que o senhor é o dono legítimo da fujona. Conheço muito bem todos os nossos

Pérola Negra

105

clientes e sei que ela será devolvida intacta; é questão de tempo e paciência!

– Já coloquei até anúncio na *Gazeta do Rio*, fiz denúncia ao chefe de polícia, e ela não apareceu – disse desconsolado.

– Se ela é bonita, vai chamar a atenção de muita gente. Será fácil achar. Não passará despercebida dos homens! – Eny tratou de divulgar o assunto de mesa em mesa. Dr. Libório, professor da Escola Real Militar, que ouvia atento, lembrou-se de seus alunos no passeio de Copacabana, aproximou-se do coronel e falou:

– Acho que vi essa menina com dois jovens alunos.

Bustamante deu um pulo, surpreso.

– Doutor Libório, o senhor viu Estrela, minha escrava? Eu a estou procurando como um louco; coloquei anúncio no jornal e falei com a polícia.

– Pela descrição de Eny, parece que é ela mesmo: muito bonita, sorridente, boa estatura, corpo roliço. Estava passeando à beira-mar com dois alunos meus. Vou procurá-los e saber mais a respeito.

– Continuarei no Rio; não voltarei para a fazenda enquanto não tiver notícias dela – disse esperançoso.

– Em que hotel poderei encontrá-lo?

– Hotel? Quando estou no Rio meu hotel é aqui mesmo, na casa de Eny. Faço as refeições no Pereira aqui em frente e depois passo pela alfândega, mas ela saberá onde me encontrar.

O professor procurou o endereço dos alunos na secretaria da Academia Militar e foi visitá-los, mas não os encontrou. Logo depois foi procurado por Teodoro.

– Pois não, professor. O senhor quer falar comigo?

– Sim, gostaria de saber a respeito daquela moça negra que estava com você em Copacabana.

– Pois não, o que o senhor gostaria de saber?

– Ela se chama Estrela?

– Não, o nome dela é Clara. – Teodoro sentiu um frio na espinha e resolveu esclarecer: – Professor, ela se chama Clara, é uma escrava liberta e tem carta de alforria.

– Estou perguntando para resolver o problema de um amigo cuja escrava fugiu; ele está procurando desesperadamente por ela.

– Seu amigo está pensando que estou com a escrava dele? – Teodoro perguntou com rispidez.

– Desculpe-me, não quis dizer isso. Não me leve a mal; parece tratar-se de amor antigo. Ele colocou até anúncio no jornal, mas, pelo que está me dizendo, deve se tratar de outra pessoa.

– Ela está viajando e não sei quando voltará, senão eu a apresentaria a seu amigo. É uma boa moça – mentiu, para escondê-la do fazendeiro.

Dr. Libório agradeceu a gentileza do aluno, mas não ficou satisfeito. Alguma coisa lhe dizia que falavam da mesma pessoa. O professor explicou ao fazendeiro que iria continuar procurando, que a moça que estava com seus alunos não era Estrela, porém não falou que estava desconfiado. Mesmo assim, o fazendeiro perguntou:

– Doutor Libório, o senhor dá aulas em uma escola militar?

– Sim, sou professor de Geologia na Real Academia Militar.

– Essa pessoa que o senhor procurou é de lá?

– Sim, é meu aluno do último ano, um segundo-tenente.

Bustamante lembrou-se de que disputara a compra de Estrela com um tenente, e isso o incomodou. "Será que ele está com Estrela?", pensou.

– Professor, posso conhecer seu aluno?

– Sim. Se puder, vá amanhã às dez horas à minha sala na Academia; estarei esperando-o.

E assim foi feito. No dia seguinte, o professor mandou chamar Teodoro. Depois de se perfilarem respeitosamente e baterem continência, Libório falou:

– Tenente, gostaria de lhe apresentar meu amigo Bustamante.

– Professor, já nos conhecemos – disse Teodoro, com a educação dos militares. – Foi em um leilão no Cais do Valongo;

Pérola Negra

queríamos arrematar a mesma escrava, mas o coronel saiu-se melhor e ganhou a disputa. Prazer, coronel – e lhe estendeu a mão. O coronel o cumprimentou com um sorriso amarelo. O professor explicou-se:

– Tenente, este é o amigo cuja escrava fugiu.

– Senhor Bustamante, a escrava que fugiu foi aquela que o senhor arrematou naquele leilão?

– Sim, exatamente, e a estou procurando em todos os lugares. Você tem alguma notícia?

– Bom, em primeiro lugar, gostaria que ela aparecesse para mim! – e riram todos, mas o coronel deu apenas um risinho sem graça. – Fiquei encantado com aquela jovem e a perdi para o senhor, por isso entendo o que o senhor está passando. Ela era maravilhosa! Mas não tenho notícias, infelizmente. Como o professor já deve ter lhe contado, arrumei outra para mim; acho que é até mais bonita...

Bustamante o interrompeu:

– Em que leilão o tenente a arrematou?

– Não foi em leilão; trata-se de uma escrava liberta, que tem carta de alforria e me foi apresentada por um amigo.

Bustamante gelou.

– Posso conhecê-la? – pediu o coronel.

– Sim, claro, mas agora ela está viajando; deve ficar uns seis meses em Minas Gerais. Porém, assim que voltar, terei imenso prazer em apresentá-la. O professor já a conhece, sabe do que estou falando.

A conversa resolveu as dúvidas do professor, mas Bustamante sentiu-se pior. Não chorou por sentir vergonha dos militares à sua frente; homem não chorava. Desesperado, saiu correndo para os braços de Eny e foi chorar copiosamente nos braços de uma das mulheres da casa, sem vergonha.

Capítulo 17

NA FAZENDA

O coronel continuava no Rio, pensando em Estrela e fazendo contatos com o objetivo de recuperá-la, mas não tinha nenhuma pista.

A fazenda estava sendo administrada pelos fiéis empregados e pela esposa, que na sua ausência era mais sociável: tratava bem as escravas, pois vivia de trocas. Para usar os dois vestidos franceses que havia comprado, preparou um jantar de gala, mas, para realizar seus desejos, precisava conter Maricota, sua rival, esposa do capataz, que fiscalizava o marido diuturnamente, sobretudo depois daquela traição onde quase perdera a vida. Convidou-a para um chá da tarde na casa-grande, em uma tentativa de reconciliação. O convite, apesar de estranho, deixou Maricota orgulhosa, pois era uma pessoa simples que estaria com uma das mulheres mais importante do Rio. A mesa para o chá foi instalada na varanda frontal, com vista para boa parte da fazenda, e as escravas do lar, que começaram a ser chamadas assim por Belarmina, como demonstração de carinho interesseiro, prepararam deliciosas bolachas portuguesas, bolos, pães, geleias, manteiga, queijo e um pote com doce de abóbora com coco, o doce preferido do capataz – depois, em um momento particular, ele próprio aproveitaria da deliciosa iguaria.

– Maricota, chamei-a porque precisamos conversar sobre coisas que estão me preocupando. – A patroa, totalmente extrovertida, comportava-se como se nada tivesse acontecido no passado recente.

– Pois não, dona Belarmina. Estou nervosa; é a primeira vez que estou na sua presença – disse, um tanto desconfiada, porque ainda trazia a impressão de que a patroa havia tido um caso com seu marido ou sabia de alguma coisa.

– Maricota, você é uma pessoa que respeito muito; sabe o quanto a admiro. – A fazendeira aproveitou a ausência das serviçais e confidenciou: – Você é abençoada. Nasceu com pele branca, o que a coloca numa posição de superioridade. Você é superior ao seu marido, que é mulato, filho de escravos. No entanto, você o ama como se ele fosse branco; eu não suportaria um homem assim. Respeito o João, um dos melhores trabalhadores da fazenda, e sei que Bustamante gosta mais dele do que de mim. – Riram juntas; Maricota riu porque Belarmina havia rido, mas não tinha entendido nada. – Desculpe voltar a um assunto triste; quando vocês tiveram aquele desentendimento, você o perdoou, provando que é branca na pele e no coração, porque só os brancos têm grandiosidade de alma. Naquele dia conheci seu valor como mulher e o tamanho do seu amor ao perdoar um mulato que deveria ter levado vinte chibatadas.

– Dona Belarmina, desculpe perguntar, mas o que aconteceu naquela noite?

– Naquela noite do sumiço de Estrela ouvi passos e barulhos estranhos. Saí do meu quarto e fui até a cozinha, escondendo-me atrás do armário. Percebi então que estávamos sendo atacados.

Mas o objetivo dos bandidos era apenas levar a escrava nova. As escravas estavam no quarto delas e não vi João; mas também não podia gritar, pois atrairia os invasores. Foi uma noite horrível. Você teve seus motivos para desconfiar do capataz; eu também desconfiaria.

— Mas a senhora não jantou com ele?

— Jantei sozinha e fui para o quarto. Eu o autorizei a, quando necessário, sentar-se à mesa da varanda, mas não permito que entre em minha casa, muito menos na sala de visitas. As serviçais também ouviram barulho e, com medo, fecharam a porta do quarto. Eu, como lhe disse, estava escondida atrás do armário da cozinha. Enquanto ele estava sentado, uma das meninas foi recolher os utensílios do jantar e acredito que, em fração de segundo, Estrela foi raptada. Por esse e outros motivos, não gosto de mulatos!

— Pra mim ele é um homem como qualquer outro, não tem diferença. Eu o amo pelo que ele é, não pela cor da pele.

— Com todo o respeito, penso diferente; mulato e escravo são a mesma coisa. Ainda que sendo alforriado, para mim é como escravo, mas respeito sua decisão. Você é branca como eu e gosta de mulato; eu gosto do Bustamante, que é branco como leite de cabra! — e riram novamente, mas Maricota continuava sem entender. — Maricota, estou com sérios problemas, por isso a chamei para conversarmos, a fim de evitar os problemas desagradáveis do passado. Com a fuga de Estrela, o coronel ficou desequilibrado e descontou sua raiva nos escravos da fazenda. Como bem sabe, em consequência, os escravos estão com ódio de todos os brancos, principalmente dos donos da fazenda, entre os quais me incluo, e dos feitores, que são os executores das torturas. Tenho recebido ameaças de morte por onde passo, mas não tenho comentado com ninguém, senão continuarão as torturas, os açoites. Faço de conta que não está acontecendo nada; continuo minha vida normalmente, mas estou bastante preocupada. O coronel viaja para o Rio de Janeiro e me deixa sozinha na casa-grande, sem nenhuma proteção; posso morrer a qualquer hora. Preciso de segurança; preciso de alguém de

Pérola Negra

confiança comigo. Pensei em trazer o gerente do engenho para ficar aqui nas ausências do coronel, mas ele não pode; a moenda tem dado problemas, e ele precisa acompanhar o trabalho de perto para evitar quebras de produção. E agora, sendo sincera, a escrava nova não está mais na fazenda, portanto não temos mais preocupações. Sendo assim, peço sua autorização para chamar seu marido para ficar comigo até o retorno do coronel. Eu o escolho, apesar de ser mulato. Não tenho outra saída. Não consigo viver assim; esta fazenda está muito perigosa, parece uma bomba prestes a explodir!

Maricota ficou pensando durante alguns minutos, que para Belarmina foram uma eternidade, e respondeu com calma:

– Dona Belarmina, com exceção daquela briga que tive com João, nossa vida aqui na fazenda é muito boa. É verdade que a escrava que poderia estar interessada nele fugiu, mas ficaram duas outras que me preocupam.

– Não me parece que ele seja infiel. É um bom moço, trabalhador, esforçado; às vezes nem parece que é mulato, de tão bom – disse Belarmina com indescritível fingimento.

– Sim, é bom moço, mas tem a carne fraca.

– Maricota, não tenho outra opção; só posso contar com seu marido. Tive uma ideia: coloco as escravas para dormirem na casa da rapadura, e ele fica de plantão no quarto delas, com autorização para atirar quando ouvir qualquer barulho; só assim poderei dormir em paz.

Assim ficou combinado; o início seria naquela mesma noite. Maricota pensou: "Por necessidade, ela terá que aturar meu marido, não tem outra opção. Verá então que, apesar de mulato, ele tem seu valor".

Os dias de ausência do coronel foram de festa para Belarmina: jantares todos os dias, sem repetir um só vestido. Após o almoço, Maricota exigia que seu marido dormisse para executar um bom serviço de vigilância à noite e, de vez em quando, era convidada para o chá da tarde. As duas se tornaram amigas, e a esposa do coronel elogiava seu desprendimento por ela ter liberado o mulato para o trabalho noturno, mantendo as escravas à distância, é claro.

Capítulo 18

QUILOMBO DA CRUZ

Clara destacou-se no Quilombo da Cruz como intermediária entre os espíritos e os homens, 28 anos antes das Irmãs Fox, que ficaram conhecidas por se comunicarem em 1847 com os espíritos no vilarejo de Hydesville, no estado de Nova Iorque, Estados Unidos, por intermédio de pancadas nas paredes.

Clara ouvia os espíritos, que lhe davam orientações e receitavam ervas medicinais, mas isso não era exclusividade dela; bastaria alguém aproximar-se das senzalas, nas diversas fazendas do Brasil, para ouvir a voz dos espíritos na calada da noite, por intermédio dos médiuns negros – maravilhosas comunicações consoladoras, para que seus irmãos amados suportassem com fé aquela situação desesperadora; aliviavam as dores, acalmavam os corações aflitos e ajudavam muitos a continuar com resignação a luta que os libertaria das prisões impostas pelos homens desumanos e cruéis. Explicavam aos irmãos sofredores que estavam recebendo um remédio amargo na escola da vida, mas que esse período de dor seria passageiro; que suportassem um pouco mais, pois somos todos filhos de Deus; que confiassem na continuidade da vida, na vida futura, pois não pertencemos à terra – somos espíritos eternos; pertencemos ao mundo espiritual, e não ao mundo dos homens.

Clara dava belíssimas orientações que emocionavam os que a ouviam e sentiam as energias espirituais daquele ambiente, mas o mais importante era a comprovação da existência dos espíritos, da continuidade da vida; a comprovação de que a morte não existe, de que ninguém está só. Estavam sendo assistidos durante aquela vida inteira de sofrimentos e estimulados a serem bons e resignados, a persistirem no bem, a praticarem boas ações, a fazerem todo o bem possível, a perdoar sempre, pois todos os agressores são espíritos equivocados que não sabem o que estão fazendo; são dignos de piedade, de misericórdia, e não de crítica, pois o plantio é livre, mas a colheita é obrigatória. Que devemos orar pelos maus, para que se tornem bons.

Além de trabalhar como médium, Clara tinha a força da juventude, e, no olhar, o brilho radiante da inteligência, que lhe dava alegria e disposição para as tarefas de cada dia. Estudava português e botânica, e com dona Otília aprendera sobre o uso das plantas para as curas físicas e espirituais; ali não existiam doenças, apenas viviam em permanente tensão, com medo de serem localizados e voltarem a ser escravizados. Aprendeu que os remédios estavam todos na natureza e que a boa alimentação prevenia todos os males. Iniciou-se na leitura dos livros previamente selecionados pela bondosa professora, adquirindo cultura com o hábito da leitura dos clássicos, que eram emprestados por dona Otília na Biblioteca Real, mas a ausência do seu amado a incomodava demais. Clara havia recebido orientação dos espíritos para que tivesse paciência, para que esperasse um pouco mais; permaneceria mais algum tempo em contato direto com a natureza, com boa alimentação, boa família, aprendizado constante e muitas reflexões.

Em uma das noites em que estavam à beira da fogueira, olhando o céu cravejado de estrelas fulgurantes, dona Otília principiou a contar da sua vida, das suas atividades no tempo em que era freira no engenho dos jesuítas e de onde fugira com Tonhão, seu companheiro, para tirá-lo da morte no açoite. Disse que sentia a separação de Benedita, escrava que fora designada para servi-la. Acabaram por se tornar amigas inseparáveis, mas durante a fuga não fora possível resgatá-la; ela dormia em um barraco afastado, e naquela noite a porta, não sabe o motivo, estava fechada com cadeado; se fosse arrombada, o barulho despertaria os jesuítas e a fuga fracassaria; acabara deixando Benedita.

A fuga havia sido realizada em caráter de urgência; acontecera quando soubera da sentença de morte de Tonhão, que fora levado diretamente para o tronco. Ela descreveu as atrocidades cometidas pelos jesuítas, que a tinham feito renunciar à sua condição de freira. Na convivência com aqueles padres, percebera que a maioria deles não acreditava em Deus. Achou incrível essa conclusão, mas era a pura realidade: muitos eram verdadeiramente ateus e agiam com injustiça, maldade, crueldade, ganância, apego à riqueza. "Se Deus existe", diziam os jesuítas, "como pode permitir os absurdos que vemos na Terra?"

– Tentei convencê-los de que o mal é criação dos homens pelo uso do livre-arbítrio, por não seguirem Jesus – dona Otília contou –, mas não obtive êxito, e isso os tornava muito infelizes. Não acreditavam no que pregavam e, possivelmente, com base nesse entendimento, cometiam crimes deploráveis. Quando comecei a sentir a presença dos espíritos, mudei minha vida e meus valores, ampliando meus conhecimentos. Sabe, Clara, quando olho para o céu e vejo a grandiosidade do universo, penso em Deus. Quanta perfeição indefinível! Tudo se encadeia na natureza: os vegetais, os minerais, o Sol e todos os astros, as estrelas que enfeitam a noite, todo o sistema sideral imenso, movendo-se no espaço com absoluta perfeição, suspenso no vácuo incompreensível, dão testemunho do poder e da sabedoria de Deus. A utilidade disso tudo e de toda a natureza nos mostra a bondade do Criador, e a beleza de Sua obra nos mostra Sua sabedoria; a harmonia magnífica exalta a grandeza do poder divino. É justo, pois, acreditar que há um Deus; quem mais poderia ter criado tudo isso? Ora, essa obra, se não foi construída pelo homem, só pode ter sido criada por uma inteligência superior, causa primária de todas as coisas. O universo é obra de suprema inteligência. Não posso acreditar que seja obra do acaso; o acaso não existe, todo efeito inteligente tem uma causa inteligente. Você não acha, menina? – e, em um abraço, puxou-a para junto de si, para perto do calor da fogueira.

Clara ouvia a riqueza daquela explanação com lágrimas nos olhos e completou pensativa:

– Mãe Otília, aprendi que os espíritos que falam por mim são pessoas iguais a nós que continuam vivas do lado de lá. Isto é, não morreram, continuam vivas, e já me disseram que são eternas, que ninguém morre e que um dia retornarão num novo corpo, numa nova chance, com novas oportunidades. Se a morte não existe, esta é mais uma grande prova do amor de Deus, senão a maior de todas as provas! Voltaremos quantas vezes forem necessárias, para progredir sempre, errando e aprendendo, a caminho da felicidade absoluta!

– Isso mesmo, Clara. Evoluímos constantemente, a cada etapa, pois Deus quer que brilhe diante de si a Sua obra, e numa só existência essa evolução não seria possível.

Abraçaram-se emocionadas, e dona Otília avisou que ia se recolher, pois no dia seguinte, logo pela manhã, precisaria fazer compras na capital. Clara pensou em seu amado e sentiu a falta dele, como sentia todos os dias.

O Quilombo da Cruz era distante da cidade. Depois de longa e difícil caminhada, antes das dez horas da manhã, dona Otília aproximou-se de uma barraca de rua que vendia tecidos, no bairro Moinho Velho, próximo ao porto, acompanhada de Pedro, um dos seus ajudantes, jovem negro que aparentava uns doze anos de idade, robusto, forte, filho de uma quilombola, quando notou que estava sendo seguida pelo olhar desconfiado de um transeunte fortemente armado; ele aparentava ser caçador de escravos.

– Madame, com sua licença, pode me informar se este negro é seu?

– Ele se chama Pedro e é de minha propriedade sim senhor. Por quê?

– Porque tenho uma denúncia de um moleque que fugiu e tem a cara deste negro.

– Já lhe disse que ele se chama Pedro e que é de minha propriedade, aliás, desde que nasceu.

– Quantos destes negros a senhora tem?

– Eu não sou obrigada a falar da minha vida ao senhor, contar das minhas propriedades, nem ouvir sua falta de respeito ao jovem que me pertence. – Mas, a um sinal do caçador, aproximaram-se mais dois capangas, e dona Otília começou a sentir-se ameaçada, preocupada com o rumo daquele tipo de conversa. Porém, enfrentou o homem com sua coragem peculiar: – O que o senhor está querendo? Não bastam as respostas que lhe dei? Qual é sua desconfiança?

– Queria mais alguma informação a respeito deste negro, pois estou procurando um fugitivo que é a cara dele. E notei que semanalmente a senhora aparece para as compras, sempre com um negro diferente.

– O senhor quer que eu venha sempre com o mesmo? O senhor quer cuidar da minha vida? Exijo respeito, senão chamarei a polícia para lhe ensinar a falar comigo! – O comerciante, que conhecia dona Otília, sua freguesa assídua, também não gostou do interrogatório, que considerou abusivo, e fez sinal para dois guardas da Academia Militar que passavam por ali naquele momento. Aproximaram-se deles Teodoro e Joaquim.

– Em que posso ser útil, senhora? – perguntou Teodoro, atencioso.

– Este senhor está me importunando – e o comerciante fez o relato completo do que havia presenciado.

Pérola Negra

Teodoro, que andava nervoso pelas infelicidades ocorridas em sua vida, perguntou ao caçador:

– O senhor tem nome?

– Sim, me chamo Bastião – respondeu ele com arrogância.

– Chame este jovem, por favor – disse Teodoro, sabendo da repulsa que os caçadores tinham pelos negros.

– Ele tem nome? – respondeu o outro com sarcasmo.

– O senhor já sabe o nome dele, e peço que o chame pelo nome, com educação – e apontou o jovem que acompanhava dona Otília. O caçador fez cara feia e, com má vontade disse:

– Acho que é Pedro. Ele tem nome de gente? – Nem terminou de falar, ouviu-se o barulho do soco desferido por Teodoro, que arremessou o caçador ao chão, caindo como um saco de batatas; seus dois companheiros saíram correndo. O policial, com rapidez eficiente, colocou a espada no pescoço do homem, para evitar qualquer contra-ataque, e insistiu:

– Repita o nome do jovem, por favor – disse Teodoro. Joaquim controlava a cena para evitar um contragolpe que pudesse prejudicá-los, pois tratavam com pessoas acostumadas a todo tipo de violência, e também impedia o acúmulo de pessoas em torno deles, embora se acumulassem curiosos de todos os lados.

– Pedro, ele se chama Pedro – disse o caçador com medo.

– E quem é o Pedro? – perguntou Teodoro.

– É a pessoa que está ajudando esta senhora a carregar as sacolas.

– O senhor está vendo alguma coisa de errado nisso? – indagou Teodoro.

– Não, está tudo certo, está tudo certo.

– O senhor quer fazer mais alguma pergunta para esta senhora?

– Não preciso, está tudo certo.

– O senhor tem alguma dúvida a respeito desta senhora?

– Não, peço desculpas pelo acontecido.

Teodoro, no entanto, insistiu:

– Peça desculpas ao garoto também. – Teodoro ajudou o homem a se levantar e o aproximou de Pedro.

– Desculpe, menino – disse o caçador do mato. Teodoro concluiu:

– Respeite as pessoas como você gostaria de ser respeitado, senão terá que prestar contas ao chefe de polícia. Lembre-se: todos somos filhos de Deus, negros e brancos! Entendeu? Pode ir embora agora e não faça mais isso! – e empurrou o ofensor, que saiu trôpego.

Dona Otília agradeceu aos militares e ao comerciante prestativo. A situação poderia ter tido um final desagradável, mas, graças à presteza do comerciante e ao trabalho dos militares, tudo terminara bem. Ao se despedir, a senhora agradeceu e lembrou-se de perguntar:

– Podem me dizer o nome de vocês, para colocar em minhas preces?

– Eu sou Teodoro, e ele é o Joaquim.

Dona Otília sentiu seu coração disparar e as pernas tremerem, quase desmaiou! Apoiou-se na banca de tecidos e sentiu o mundo rodar ao seu redor. Os jovens militares associaram seu mal-estar à situação que ela acabara de vivenciar, mas na verdade ela se lembrara instantaneamente de Clara. Eles a ampararam com gentileza, e o comerciante lhe trouxe um copo com água. Dona Otília não poderia falar de Clara naquele amontoado de pessoas, pois desconheciam a existência do Quilombo da Cruz, mas queria aproveitar a oportunidade para não perder os militares de vista. Então inventou uma mentira:

– Os senhores poderiam, por favor, me acompanhar até o sítio onde moro? Tenho medo de que esse maldosos retornem e nos façam algum mal.

– Se a senhora puder esperar um pouco, providenciaremos dois policiais que fazem a segurança da rua para acompanhá-los; somos apenas alunos e estamos atrasados para a aula.

– Como faço para me encontrar com vocês novamente? Quero retribuir o bem que me fizeram.

– Não se preocupe com isso; somos estudantes da Academia Real Militar e sempre estaremos à sua disposição, sempre que precisar.

– Grata pela atenção.

Pérola Negra

Depois de alguns minutos chegaram dois policiais, que acompanharam dona Otília e Pedro até parte do caminho; logo foram dispensados, pois o objetivo era conversar em particular com Teodoro e Joaquim. Não tinha sido possível, mas sabia agora onde encontrá-los.

Capítulo
19

NOTÍCIAS PARA CLARA

Dona Otília não se continha de tanta felicidade! Estava radiante! Procurou Clara e foi direto ao assunto:

– Conheci seu amado! Conheci o amor da sua vida! Ele é lindo, forte, justo, simpático, atencioso, religioso, respeitador, o homem que toda mulher gostaria de ter! Seu companheiro é tudo isso e muito mais! – Pelas vibrações da rica descrição, Clara acreditou que o encontro realmente acontecera e começou a chorar de saudades e emoção. Não cabia em si de alegria! Mãe Otília descreveu tudo: a proteção eficiente, o respeito para com o jovem Pedro, que sabia onde ele estudava, e continuou esperançosa:

– Agora poderemos encontrá-lo! Você poderá se atirar nos braços dele a hora que quiser! Chega de tristeza! Chega de saudades! Deus ouviu suas preces!

– Onde ele mora eu não me lembro – respondeu Clara, trêmula de emoção –; posso me lembrar se estiver nas redondezas da casa. Mas onde ele estuda sei perfeitamente: é um prédio majestoso. Meu medo é ser reconhecida por alguém; devem estar divulgando em todos os cantos da cidade que sou fugitiva, e o coronel deve estar oferecendo recompensa irrecusável, porque sempre esteve interessado em mim. Sabemos como os caçadores cruéis vivem disso. Estarei em perigo se fizer o que gostaria de fazer! Tenho receio de sair daqui, apesar de que, por amor, arriscaria minha vida se fosse preciso! Posso imaginar o quanto Teodoro está sofrendo minha ausência; ele não sabe como estou. Gostaria de avisá-lo de que estou bem e em local seguro.

– Podemos avisá-lo quando você quiser, mas pense bem, minha filha. Amamos muito você, mas seu caminho é outro. Este quilombo não é o seu lugar. Você já se recuperou, está forte, com boa saúde, aprendeu muito e nos ensinou coisas novas, porém seu coração pertence a outro lugar. Ficaremos tristes, mas você está pronta para a mudança, quando preferir. Não a estou expulsando, apenas abrindo seus olhos para o mundo, para que possa viver sua vida ao lado de quem ama, este jovem maravilhoso que tive o prazer de conhecer hoje de manhã; por isso estou mais confiante. Você não é nossa, você é dele.

– Sei que está chegando o momento da minha partida. Serei eternamente grata por tudo o que me fizeram; adorei este lugar. Meu encontro com a natureza foi renovador; suas aulas de botânica, suas orientações, os livros que li, os livros que estudamos juntas... Sinto que estou melhor, com mais forças e conhecimentos. Adorei esta grandiosa família, as atividades de cada dia, as crianças felizes, os adultos atenciosos e respeitáveis. Sofrerei muito quando tiver de deixá-los, nem quero pensar nisso, mas preciso me preparar para partir; quero viver mais um pouco junto de cada um de vocês, me preparando para essa despedida. Depois tomarei o rumo que pede meu coração!

Abraçaram-se, e dona Otília ficou feliz com as ponderações sábias de Clara.

Naquela noite, Clara participou das rodas de música sob os sons harmônicos de vários instrumentos de percussão, depois recebeu orientações dos espíritos para que, por enquanto, continuasse ali; ainda não era o momento da partida. Dona Otília ouviu os espíritos com atenção, mas falou para Clara:

– Teodoro deve estar sofrendo sem saber onde nem como você está. Não seria justo avisá-lo? Não precisamos sair daqui; mandaremos um portador, pois compreendo os riscos a que está exposta, mas poderemos avisá-lo; qual é o problema? Lembre-se: ele não pode vir aqui, este é um local sagrado que não permite a presença de estranhos. A presença dele causaria uma insegurança que perturbaria nossos irmãos. Você foi a única negra desconhecida que entrou em nossa aldeia, porque era uma escrava fugida, estava desacordada e não sabíamos se sobreviveria.

Apesar de todas as ponderações, Clara só pensava em Teodoro. Não pregou os olhos aquela noite, recordando todos os minutos que vivera com seu amado, e as saudades apertaram com força seu coração. Não conseguia desligar-se dele, e foi pensando assim que pediu que fossem avisá-lo, quando possível, que ela estava bem e com saudades.

Depois de alguns dias, Otília e Pedro seguiram para a cidade do Rio de Janeiro. Depois de muito caminharem, perguntaram para alguns transeuntes e receberam a informação de que a Academia Real Militar ficava no largo São Francisco de Paula, um pouco longe de onde estavam. Após alguns instantes, estavam diante de um grandioso prédio. Ficaram admirando por um momento a beleza do edifício, antes de se aproximarem da portaria.

– Gostaríamos de falar com o tenente Teodoro, aluno desta escola – pediu Otília para o guarda, depois de se identificar.

– Ele está em aula, mas sairá para o intervalo dentro de alguns minutos – e, *incontinenti*, dirigiu-se ao interior da escola para avisar o aluno.

Teodoro reconheceu os dois e cumprimentou-os com entusiasmo:

Pérola Negra

– Como vocês estão? Recuperaram-se bem daquele dia? Em que posso ser útil? – disse com sorriso acolhedor.

– Precisamos conversar a sós, tenente; é assunto particular – falou Otília, pedindo que Pedro a aguardasse na portaria, junto com o guarda de plantão. Foi levada então a uma sala de reuniões ao lado da entrada do prédio.

Teodoro desconfiou de que o caçador do mato ainda estava incomodando a jovem senhora e o menino Pedro. Depois de acomodados na luxuosa sala, em uma rica poltrona de couro, o militar iniciou a conversação:

– Pois não, dona Otília, qual o problema? Só me desculpe não poder me estender o quanto gostaria, pois preciso voltar às aulas dentro de alguns minutos.

– Estou aqui para lhe dizer que Clara está muito bem, graças a Deus!

Teodoro não caiu porque estava sentado na confortável poltrona, mas ficou pálido e visivelmente abalado com a notícia inesperada. De um ímpeto, ajoelhou-se aos pés de Otília, segurou suas mãos e falou com lágrimas nos olhos:

– Como? Não entendi! – Com o coração aos saltos, principiou a chorar de alegria, pois achava que a tinha perdido para sempre, que ela estava morta.

– Isso mesmo, meu filho, Clara está bem, em um local seguro, e pede que lhe diga que o ama muito. – Clara não havia pedido isso; Otília falara por conta própria, pois sabia que não estava mentindo. – Quer que lhe diga também que está com muitas saudades e que, logo que possível, virá ao seu encontro.

– Posso ir buscá-la agora. Não tenho condições de esperar, ela sabe disso. Não consigo viver sem ela! – falou com sinceridade e muita emoção. – Conte-me, por favor: o que aconteceu? Como ela está? Onde está? – Otília contou como ela tinha sido socorrida e onde estava vivendo, tomando o cuidado de não fazer certas revelações que comprometessem o quilombo.

Teodoro continuou:

– Dona Otília, hoje é o dia mais feliz da minha vida! A senhora não pode imaginar como tenho sofrido sem a minha Clara. Ela deve ter contado o que fizemos para protegê-la, mas tudo deu errado! Até o dia em que recebemos a informação de que foi capturada e conseguiu fugir. Achamos que estivesse perdida na floresta. A senhora é capaz de avaliar meu desespero? Fizemos várias expedições de busca, a todos os lugares onde possivelmente poderia estar, sem resultados. Tenho sofrido muito desde então; achei que estivesse morta, pois procuramos dias e noites sem descanso, em vários lugares. Fizemos de tudo, e nada!

— Tenente, ela voltará, mas precisa recuperar-se mais um pouco. O importante é que está bem e ficará muito feliz depois que souber que o senhor também está bem. Acho que formam um belo casal.

— Dona Otília, quero ir aonde ela está. Quero visitá-la. Eu a quero de volta! Não suportarei mais dias de solidão!

— Infelizmente, isso não será possível. Se o local onde vivemos for descoberto, haverá muitas mortes, pois nossos irmãos não aceitarão a escravidão novamente. É preciso, por amor, respeitar as regras da comunidade. Peço que o senhor compreenda nossa situação. Ela está muito bem, não se preocupe; voltará em paz quando estiver em condições. Como estamos escondidos em local de difícil acesso, o caminho para chegarmos aqui é longo, difícil, cansativo e, às vezes, perigoso; por esse motivo, minhas viagens para a cidade não são frequentes. — Nisso, foram interrompidos por um bedel, que assustou-se ao ver o jovem militar ajoelhado aos pés daquela senhora.

— Tenente, a aula começou! O senhor está bem?

— Nunca estive tão bem em minha vida. Avise que não vou; tenho assuntos mais importantes a resolver — e tratou de, disfarçadamente, enxugar as lágrimas e levantar-se.

Otília completou:

— Agradeço por me receber; Clara ficará muito feliz. Ela manda recomendações e abraços ao seu amigo Joaquim, a quem quer muito bem. Como ele está?

— Ele está bem, e sinto não tê-lo chamado para nossa reunião; não sabia que a senhora iria conversar sobre Clara. Ele não vai gostar de não ter sido chamado para essa notícia feliz;

Pérola Negra

também gosta muito dela e vai ficar eufórico com as novidades! Quando a senhora voltará para o Rio?

– Agora dependo das decisões da nossa menina. Quando ela decidir voltar, estarei junto para protegê-la. Agradeço mais uma vez por ter me ajudado naquele dia, e hoje, pela gentileza dessa reunião.

– Diga para Clara que a amo muito e não suportarei ficar esperando muito tempo; que ela se prepare com urgência para voltar o mais rápido possível. Vou planejar com cuidado para que volte em segurança e viva em paz. Estou muito feliz! – e abraçaram-se, contagiados pela emoção do momento. Otília permitiu que as lágrimas mostrassem seu contentamento e retornou radiante para seu lar abençoado. Pedro não fez nenhuma pergunta em todo o caminho de volta, mas entendeu o que estava acontecendo e ficou feliz também.

Capítulo
20

O NOVO CONDE

Bustamante, abalado com a ausência de Estrela, que julgara ter morrido na Boca do Bode, aproveitou mais um carregamento de açúcar e foi à casa de Eny encontrar-se com o conde Burgos, para tratar de negócios. Quando se encontravam pareciam grandes amigos, mas eram apenas dois interesseiros envolvidos em uma combinação vantajosa de sonegação de tributos. O conde era funcionário público, chefe da Coletoria, encarregado dos impostos incidentes sobre as exportações de açúcar – pessoa influente, com prestígio na Corte devido à importância de seu trabalho e ao título de nobreza.

Bustamante era um dos maiores contribuintes daquele porto, para quem os conselheiros do rei preparavam um título honorífico: seria conde Star, por sugestão de alguns clientes da casa de Eny, ingleses importantes que frequentavam a Corte, e do amigo conde Burgos, que raramente estava sóbrio. Queriam prestar a homenagem não pela condição de ser um dos maiores pagadores de impostos, e sim para recompensá-lo pela malfadada aquisição nunca usufruída, motivo de histórias jocosas por toda a cidade – o homem que queria pegar uma estrela com as mãos, sendo motivo de riso dos amigos. "Este homem poderia ser comparado à luz de um grandioso astro que ilumina o rei com a luz bendita dos impostos" – apesar de forçado, esse era um trecho do discurso que estava sendo preparado pelo chefe-geral da alfândega. Por isso, o título "conde Star".

A cerimônia honorífica foi marcada para o próximo mês. Bustamante estava orgulhoso pela honraria, mas não gostou do nome do título, que soava como deboche. Resolveu procurar Eny, que riu muito e também não gostou. Precisaria ser um nome pomposo, que lembrasse algum ato heroico, épico, de destaque político ou nacional, ou até mesmo regional, mas que expressasse valor notório – embora o coronel não se encaixasse em nada disso, a não ser pelo volume de dinheiro que destinava mensalmente à nobreza. Mas esse nome, "Star", que significava "estrela", não poderia ser mantido; seria uma afronta, um desrespeito. Como havia no grupo de bajuladores alguns ingleses com poder político, todos assíduos frequentadores da casa de Eny, não foi difícil para ela sugerir a mudança para melhor enaltecer a figura do cliente ilustre. Em nova escolha, optaram por conde The Best, que significava "O Melhor". A sugestão foi bem recebida e agora, mais tranquilo, Bustamante aceitou participar da cerimônia do título que lhe seria entregue pessoalmente pelo rei dom João VI.

O Palácio de São Cristovão, localizado na praça Quinze de Novembro, foi palco do grandioso evento. Compareceram os conselheiros do rei, ministros, súditos consagrados, diplomatas, convidados de Bustamante e alguns visitantes estrangeiros que tinham vindo prestigiar a data festiva. Após o sinal para a abertura do salão real, a orquestra dirigida pelo maestro Marcos Portugal deu início à música apoteótica que sempre era tocada na abertura de eventos dessa natureza. Os nobres e todos os presentes adentravam o salão em fila indiana e, quando estavam próximos do trono, inclinavam-se profundamente em sinal de respeito e submissão ao soberano. A rainha e demais membros da família real que estivessem presentes depois ficavam em pé nas laterais do salão. O mestre de cerimônias, em voz alta e clara, anunciava cada uma daquelas personalidades ilustres. Quando disse o nome de Enervina da Cruz do Alto, muitos riram alto, debochando, mas Eny manteve-se altiva; com classe e postura de rainha dominadora, acabaram por reconhecer sua elegância e perceberam a gafe que haviam cometido. Ela trajava um vestido longo francês, com decote recatado, uma das mulheres mais lindas e conhecidas da festa, sobretudo pelos homens, devidamente acompanhada por duas belíssimas moças que apresentava como suas sobrinhas, parentes de passagem pelo Rio de Janeiro. Quando algum dos homens voltava o olhar para ela, recebia violenta cotovelada da esposa.

Belarmina estava ricamente vestida com a roupa de seda comprada do viajante que sequestrara a mulher desejada pelo seu marido, e ostentava com orgulho as joias riquíssimas de família. O capataz, seu amante, acompanhou-a como fiel segurança até a porta de entrada do salão e depois ficou aguardando do lado de fora. Não havia nenhum negro na festividade.

O conde Burgos e Benevides estavam recostados na janela, apoiando-se para não cair, pois tinham passado a tarde bebendo em comemoração ao merecido título. Ouviram-se longos discursos, e o rei colocou no peito do fazendeiro o brasão de conde, onde lia-se "The Best", sob os acordes da famosa orquestra. Depois, titubeante, porque era tímido, dirigiu algumas palavras aos presentes e muitos elogios ao homenageado. Por fim, o novo conde, emocionado e com as mãos trêmulas, leu o discurso que havia sido redigido por Benevides, que ficou em posição de sentido em respeito à fala do ex-conde Star, o qual, no meio do discurso, lembrou-se com saudades de Estrela, o amor impossível de sua vida.

Após longas horas, o evento foi encerrado, e Bustamante Marcondes Carvalho de Almeida recebeu abraços calorosos de quase todos os que ali estavam. Os abraços mais demorados foram de Eny e suas sobrinhas, que Belarmina fez questão de não olhar. A orquestra continuou a tocar até o último nobre se retirar do salão. No período de treze anos em que dom João ficou no Brasil, concedeu o dobro de títulos que distribuiu em Portugal ao longo de toda a vida. Marqueses, condes, viscondes, barões – quase todas as pessoas tinham títulos de nobreza.

Cansado mas feliz, Bustamante abraçou sua esposa com carinho, beijou-a e lhe agradeceu por tudo o que ela vinha fazendo pela felicidade do lar e pela administração da fazenda nas suas ausências. Chamou o capataz e determinou:

– João mulato, leve-a de carruagem à fazenda que ficarei mais dois dias aqui no Rio comemorando com meus amigos.

– Pois não, doutor conde – respondeu inseguro, pois não sabia como deveria ser o tratamento a partir daquele dia. O coronel o corrigiu:

– João, a partir de agora, me chame de conde The Best – e o ensinou como pronunciar. O capataz repetiu umas três vezes o nome em inglês e depois, quando estava na estrada com Belarmina, começou a rir sem parar. Sua amante o questionou, e ele explicou:

– Conde The Best quer dizer em bom português: conde Besta! – Belarmina riu, mas não gostou da brincadeira.

Os impostos eram considerados abusivos. Os exportadores pagavam um quinto da mercadoria exportada, e não havia quem não se revoltasse contra a ânsia de arrecadação do rei. Quando o conde Burgos e o coronel haviam se conhecido na casa de Eny, depois de muitas taças de vinho, entremeadas por doses de cachaça, tinham concordado que o exagero dos impostos prejudicava a produção, e o assunto girara em torno dessa problemática.

– Conde, esses impostos estão sendo levados para sustentar Portugal quando deveriam ficar no Brasil! Deveria haver mais cuidado com o desenvolvimento crescente deste país. – O fazendeiro, agora conde The Best, não estava nem um pouco interessado no progresso do Brasil, e sim no aumento de sua fortuna.

– É a vontade do rei e deve ser respeitada. Portugal é uma grande nação, a nossa verdadeira pátria, que se alimenta ferozmente das colônias – respondeu o conde Burgos.

– Mas você não acha que é muita fome para pouca comida?

– Não concordo! As colônias representam grandes centros de produção. Quanto mais vocês produzem, mais arrecadamos. O Brasil é uma colônia eficiente que poderia produzir mais se fosse organizada, beneficiando os propósitos do rei e ajudando nossa terra.

– Conde, nós que trabalhamos duro na produção do açúcar não ficamos com nada; nosso investimento é grande, mas os recursos são escassos, temos dificuldades em melhorar a produção como seria necessário. Não podemos fazer ampliações nem projetos de crescimento, pois o rei pega nosso lucro. Se tivéssemos que pagar a mão de obra, como os ingleses pagam, estaríamos completamente falidos.

– Eu sempre digo: sem escravidão não existe o Brasil; o Brasil existe por causa da escravidão! Se acabar a escravidão, acaba o Brasil! – repetiu o conde Burgos a frase que era dita em todos os lugares.

– Concordo plenamente, mas não sou escravo, nem minha família. Precisamos ficar com alguma coisa para sobreviver. Estou trabalhando longe de casa como você, sem ganhar nada, em um país estranho e com riscos de sofrer uma revolta dos negros. – O coronel, quando se tratava de dinheiro, era ótimo negociador.

– Quanto você quer, Bustamante? – Entre amigos, o tratamento poderia ser informal sem ser desrespeitoso. – Coronel, na sua opinião, quanto deve ser sua parte? – perguntou o conde Burgos de surpresa. Bustamante ficou preocupado com aquele tipo de pergunta à queima-roupa; pensou, analisou a seriedade da questão e respondeu inseguro:

– Não quero só pra mim; você precisa ganhar pelo trabalho que realiza, afinal de contas, sua posição é invejável, e não podemos voltar para Portugal de mãos vazias.

– Minha sugestão é mexermos na quantidade exportada, e a diferença a gente divide.

Pérola Negra

– Assim não dá. Já pensou na extensão e responsabilidade do meu trabalho até o açúcar chegar ao porto? Você só vai rabiscar o nome no papel, que não custa nada, e eu farei todo o resto, que é tudo!

– Tudo bem. E qual é a proposta?

– Você fica com trinta por cento da diferença apurada!

– Fechado! – respondeu o conde Burgos; era a participação com que sonhava devido aos valores envolvidos. Com outros exportadores ganhava vinte por cento do valor sonegado. Cumprimentaram-se com firmeza, como se fosse a conclusão de um grande empreendimento. Depois comemoraram com muito vinho o esquema que prometia ser vantajoso.

Capítulo

21

NOTÍCIAS DA FAZENDA

Com as ausências do conde The Best, as atividades na fazenda seguiram seu curso normal, com a produção a todo vapor, graças ao desempenho do gerente de produção, dos feitores e do capataz, que tudo fizeram para sanar os problemas e resolver as questões técnicas, principalmente com exigências desumanas de todos os escravos, somadas a açoites, torturas, mutilações, ameaças, como sempre faziam.

Apesar da deficiência em equipamentos e maquinários, a produção deveria aumentar gradativamente, começando o dia de trabalho antes de nascer o sol e seguindo até o sol se pôr, catorze horas por dia, com descanso parcial aos domingos, devido à obrigatoriedade de se comparecer às missas no período da manhã, sem falar nas senzalas superlotadas e nos doentes sem nenhuma assistência, socorridos por eles próprios quando conheciam plantas medicinais. O gerente, o capataz, os feitores e o padre ficavam indiferentes a tudo isso, pois estavam acostumados. Enfim, as atrocidades com os negros não diminuíram com a ausência do conde The Best; apenas a alimentação melhorou um pouco, por interferência de Maricota, esposa do capataz, que foi tocada por misericórdia e fez duras críticas ao marido. Este, para não contrariá-la e manter as aparências de marido compreensivo e obediente, principalmente para não perder os privilégios que poderiam tirá-lo da cama da fazendeira, resolveu melhorar o alimento dos cativos acrescentando mais uma cuia de angu, sempre com a anuência de Belarmina, que vivia em plena lua de mel, e tudo o que ele pedisse ou fizesse ela aceitava de bom grado.

Para alegria do dono do engenho, nove escravas estavam grávidas, sendo que três delas tinham sido fecundadas pelo padre e não eram as que trabalhavam para ele. Porém, para garantir a veracidade dos boatos, teriam de esperar o parto e ver a cara da criança. Isso representava lucro certo!

No período que antecedera os preparativos para o título de conde, e mesmo após a festa na nobreza, Bustamante fora obrigado a se ausentar da fazenda e, com o novo esquema dos impostos, também era obrigado a acompanhar os cálculos efetuados na alfândega. Com esse distanciamento, Belarmina estava no paraíso, como diziam Rosa e Margarida, as escravas fiéis que tudo sabiam, e ainda com a permissão da mulher do amante, que nada sabia, mas com quem a fazendeira era obrigada a tomar chá com bolachas, para manter as aparências. Ela não gostava desses encontros; era um sacrifício ouvir os casos de Maricota, que era muito simplória e falava bastante, mas dizia para suas confidentes:

– O que é bom custa caro! – e riam à beça.

Com o recebimento do título, Bustamante foi cumprimentado até pelos escravos, por ordem de João mulato, que os obrigava, embora com os devidos cuidados, pois o cumprimento era sempre verbal – coronel não pegava na mão de escravo, e as palavras deveriam se restringir a:

– Parabéns, conde!

Não deveriam nem tentar falar o nome completo do título, para evitar gafes, mas mesmo assim, pela mania do povo de brincar com coisa séria, o coronel ficou mesmo sendo chamado às escondidas de conde Besta, exatamente como fizera o capataz depois de aprender a pronunciar o nome corretamente. Os mais ousados e corajosos, porém, diziam de forma exagerada:

– Lá vai a Besta!

Até o padre falava bem alto, para que todos ouvissem, sem grandes preocupações.

❧ ❧

Clara e Teodoro não conseguiam mais viver naquela situação, ansiosos para o grande dia. Estavam desesperados com a demora! O tenente não dormia, e Clara andava nervosa, inquieta, pois temia que na volta à cidade pudesse ser reconhecida e recapturada; não se sentia segura. Ficaria trancada dentro de casa por segurança, o que seria terrível para ela, que vivia livre na natureza, mas mesmo assim qualquer arranjo estaria ótimo se estivesse ao lado do amado, e para isso se preparava a cada dia.

Certa manhã, depois dos últimos acertos, Otília desceu do morro e foi com Pedro até a Academia Real Militar. Apresentou-se como exigia o protocolo e após alguns minutos estava com Teodoro na sala de reuniões, desta vez com a presença de Joaquim. Pedro ficou aguardando na calçada, do lado de fora da portaria.

– Tenente, estamos prontas! Clara poderá vir quando os senhores autorizarem e ela puder contar com a segurança necessária.

Teodoro de Alencar ficou mudo. Começou então a chorar de emoção; quanta alegria! Iria se encontrar com seu amor, depois de tudo o que acontecera! Enfim, o tão aguardado dia!

– Dona Otília – falou Joaquim, que estava menos nervoso –, estamos com tudo preparado. Pensamos em tudo; temos um esquema montado. Ela ficará alguns dias aqui, bem escondida, e depois nós dois a levaremos ao Arraial de Santo Antonio do Ribeirão, em Minas Gerais.

Pérola Negra

– Lá ela vai ficar com quem? Tenho cuidados com ela como se fosse minha filha. Para viver sozinha em um lugar estranho, com pessoas estranhas, é melhor e mais seguro ficar onde está e visitá-los de vez em quando. Pelo menos, estará sob minha guarda.

– Entraremos num período de férias e ficaremos com ela na casa do primo de Teodoro. O local é seguro e lá ela não é conhecida; aqui no Rio é perigoso.

– Hoje ela tem uma alimentação especial; só come legumes e verduras, carne muito raramente, e prefere peixes e cozidos.

– Ela ainda sabe cozinhar? – brincou Teodoro. – Quando esteve com a gente da outra vez, foi um tremendo sucesso; é uma excelente cozinheira, e até hoje tenho saudades dos pratos que preparava. Ela só não poderá fazer compras, para não se arriscar, mas estaremos prontos para ajudá-la em tudo o que precisar.

– Ela também gosta muito de frutas, dorme cedo e faz suas preces diariamente. Gosta de ler e de dançar.

– Ótimo! Ela é a mulher que pedi a Deus! E a senhora, dona Otília, é o anjo que vai trazê-la pra mim! – falou entusiasmado com os braços abertos. Mãe Otília riu com a felicidade daquele moço bonito e inteligente, mas continuou com suas preocupações:

– Vamos combinar a data e o horário. Onde deveremos levá-la? Ficou alguma roupa dela por aqui? – perguntou Otília. Trataram, assim, de todos os detalhes do retorno, ou do encontro, ou da volta – não importa o nome; dois seres que se amavam iriam se unir para ficarem juntos e serem felizes.

No caminho de volta, Otília ficou triste; perderia a filha querida, muito querida, mas consolava-se, pois, quando quisesse, poderia visitá-la, com exceção do período em que estivesse em Minas Gerais. Estava feliz por ela e Teodoro; sabia que seriam felizes e constituiriam uma linda família. "São as voltas que a vida dá", pensou consigo mesma.

Capítulo

22

OS PADRES JESUÍTAS

Os padres da Companhia de Jesus, conhecidos como padres jesuítas, integrantes da ordem religiosa fundada em 1534, espalharam-se por todas as colônias de Portugal. Esses padres utilizavam o trabalho dos escravos em conventos e fazendas de sua propriedade para investirem e enriquecerem com a produção de açúcar.

Os jesuítas de Angola pagavam com escravos as dívidas que tinham no Brasil; eles próprios incentivavam o tráfico de escravos, pois nada era melhor do que usar mão de obra gratuita. Escravo de padre era como qualquer escravo – apesar de serem chamados "escravos de santos", a diferença estava apenas no título; sofriam as mesmas torturas, os mesmos castigos, os mesmos abusos, e fugiam sempre que podiam para escapar das atrocidades impostas pelos religiosos.

Os jesuítas eram contrários à abolição dos escravos. Diziam que os escravos precisavam do Brasil e o Brasil precisava dos negros; que um dependia do outro, eram partes integrantes. Sem escravos, não existiriam produtos para serem vendidos no mercado europeu, o que justificava a escravidão – esse era o pensamento de todo escravocrata. Omitiam que os lucros exorbitantes eram exclusivos dos donos da produção e que os trabalhadores não recebiam nada, não tinham direitos a moradia nem a alimentação, e que muitas vezes pagavam com a própria vida por trabalharem além das próprias forças, sem nenhum tipo de assistência.

Metade da população do Rio de Janeiro era constituída de negros. Dona Otília, ao voltar para casa no dia em que combinara o retorno de Clara, notava essa particularidade e vinha observando cada um dos transeuntes que passavam por ela, arriscando, em pensamento, a dizer: "Este negro é de Moçambique, este é de Angola, este é da Nigéria, e assim por diante", exercitando seus conhecimentos de genética e admirando a beleza de cada um. Em determinado momento, logo na entrada da rua Direita, pareceu conhecer uma negra que estava de costas. Pelo jeito de separar os cabelos e pela blusa, dava a impressão de lhe ser conhecida. Estava acorrentada e trazia no pescoço um pequeno colar de ferro, mas mesmo assim resolveu abordá-la. Ao se aproximar, reconheceu-a perfeitamente e gritou:

– Benedita, é você! – e se abraçaram efusivamente, mas com dificuldade, devido às correntes nos pulsos. Benedita, surpresa, respondeu chorando de emoção que estava fazendo compras; precisava comprar sementes de graviola para a plantação de ervas medicinais e fora autorizada a fazê-lo, com a condição de se manter com correntes e acompanhada de um padre jesuíta, que naquele momento estava no armazém ao lado tomando vinho. As correntes eram compridas, presas pelos pulsos; permitiam alguns movimentos. O colar no pescoço não era muito pesado e trazia uma cruz de ferro pendurada no peito, para identificar que era uma escrava de santos, dos padres jesuítas. Depois que ela explicou suas condições para estar ali, Otília perguntou:

– Onde está o padre?

– Foi tomar vinho. Fiquei de procurá-lo no final, para pagar as compras – e, rapidamente, com alegria, trocaram as informações e novidades que tem toda mulher, mas Otília questionou, segurando no braço da amiga:

– Por que você não vem comigo?

– Não posso. Tenho muitos projetos em andamento, inclusive projetos que nós duas criamos; não posso abandonar meu pessoal, mas gostaria muito de acompanhá-la. Quem gosta de ser escravo? Otília, coloquei em prática tudo o que você ensinou, as técnicas de plantio, a preparação das ervas, as doses necessárias para cada caso; tenho feito tudo pensando em você, querida e inesquecível amiga! – As lágrimas fluíram, sem que pudesse controlar-se. Abraçaram-se novamente, sob os olhares curiosos dos que passavam pelas barracas de verduras – uma negra e uma branca abraçadas! A grande emoção era natural; Benedita estava diante da pessoa que a socorrera desde o início, desde que chegara ao engenho dos padres jesuítas e lhe ensinara tudo o que sabia hoje. Otília insistiu:

– Onde moro também tem muita gente que precisa de você, que precisa dos seus cuidados. Vamos marcar um encontro. Hoje é dia 15. Você pode voltar aqui, neste mesmo lugar, no próximo dia 15, preparada para fugir comigo?

– Otília, você sabe que tenho uma dívida de gratidão com você; o que pedir, eu faço. Depois que fugiu com o Tonhão a vida ficou difícil; penso em você todos os dias. Duas vezes, por culpa de outra pessoa, sofri a pena de quinze chibatadas. Vai ficar assustada se olhar minhas costas, mas sofri calada, conforme você ensinou – e olhou para Pedro, que observava tudo com atenção, perguntando: – Quem é este menino lindo?

– É o Pedro, meu ajudante, que sempre me acompanha quando tenho coisas para fazer.

As lágrimas percorriam o rosto sofrido de Benedita, que explicou:

– Otília, desculpe minha emoção, mas neste instante me lembrei da minha filha, que deve ter a mesma idade que ele; eu me separei dela no leilão do Cais do Valongo.

– Você já me contou essa história outras vezes, mas lembre-se: o passado a gente não muda; passou, ficou para trás, agora é

Pérola Negra

daqui pra frente. Não se preocupe com sua filha; ela é filha de Deus, e Deus está cuidando dela melhor do que você estaria se estivesse com ela. Não se preocupe; entregue-a nas mãos de Deus, pois Ele sabe o que faz. Nada de tristeza, tenha só pensamentos positivos. Agora está na hora de pensar em você. Estou vivendo num lugar muito lindo, com muita paz, e gostaria que parasse de sofrer e viesse comigo.

– Otília, suas palavras me consolam, tranquilizam meu coração, porque aprendi com você que Deus cuida de todos os seus filhos indistintamente. Lembra-se de quando me ensinou isso? Não me esqueço dessa lição; recordo-me até de onde estávamos. Mas estou sempre pensando na minha filhinha querida. Quanto ao seu convite, vou aceitar, sem dúvidas. Só preciso preparar as coisas para que fiquem bem encaminhadas; não posso abandonar o que fizemos. Começou com você, estou dando continuidade, e agora vou delegar para outro trabalhador de confiança. Apesar de que todos já estão conhecendo e participando do nosso canteiro de plantas medicinais. Ele ficou lindo, e tem ajudado muita gente! Tem curado muitas pessoas! Até os padres me procuram para pedir as ervas que curam – relatou Benedita.

– Fico feliz com sua sábia decisão. Não quero que o padre nos veja, pois pode desconfiar das nossas conversas e manter você sob constante vigilância, o que nos prejudicaria – disse Otília com sabedoria.

– Mas você não é escrava!

– Sim, e não sou fugitiva, sou uma freira branca que renunciou ao hábito e abandonou o engenho; por coincidência, no mesmo dia em que Tonhão fugiu.

– Mais uma vez você está salvando minha vida. Estarei aqui no próximo dia 15, dia das minhas compras. Estou feliz por encontrá-la bem e saber que também está feliz!

– Até lá! – e encerrou a conversa com um sorriso feliz, cheio de esperança. Benedita ficou olhando para Pedro até que sumissem por entre as pessoas da rua Direita, lembrando-se com saudades da sua filha querida. "Será que Deus está cuidando dela?", pensou.

Capítulo 23

O AGRADECIMENTO

Maricota estava feliz pela atenção que recebia da fazendeira, sempre muito gentil e atenciosa. Sentia-se valorizada e feliz pelo sucesso do marido, homem de confiança encarregado da segurança da mulher mais rica que ela conhecia e que agora era sua amiga, amiga íntima, pois trocavam confidências e a amiga fazia questão de preparar as bolachas de que ela gostava. Uma vez levara para Belarmina um bolo que tinha feito. Ela o aceitara sorridente, mas pedira, constrangida, que não o trouxesse mais.

— Eu é que tenho de retribuir sua amizade, querida amiga, permitindo que João se afaste de sua casa quando precisamos dele! Por favor, não traga mais bolo; eu é quem devo fazer bolos para você, Maricota querida!

Maricota trabalhava na casa da rapadura, onde às vezes o conde The Best aparecia para as verificações de rotina. Em uma dessas vezes, quando o avistou, aproximou-se, tomou coragem e falou:

– Conde, bom dia! Quero agradecer pela confiança que o senhor tem no João, por permitir que ele seja o segurança de sua casa nas suas ausências. Fico muito feliz, e tenho certeza de que ele está feliz também.

– Bom dia, Maricota. Não sabia que ele era o segurança da minha casa. Seu marido é bom trabalhador, isso é que é importante.

– Muito obrigada, conde!

– Passar bem, dona Maricota – e ficou pensando no que Belarmina combinara com o capataz sem ele saber.

Chegando em casa, o conde foi direto ao assunto:

– Belarmina, que história é essa de o João ser o segurança da nossa casa nas minhas ausências?

– Exatamente isso! Ou o senhor já se esqueceu da invasão que sofremos no quarto das empregadas? Esqueceu o sumiço de Estrela? Quando estou sozinha, sinto-me insegura, e ultimamente o senhor passa mais tempo no Rio que em casa! O senhor acha isso correto? O senhor mora aqui ou na alfândega? Conde – pronunciou o título com ironia –, o senhor se esqueceu de que somos três mulheres sozinhas nesta casa na sua ausência?

– Belarmina, tenho negócios para resolver e não confio em procuradores; por enquanto terei que me ausentar um pouco mais. Não estou proibindo você de ter segurança, mas fale comigo antes – e retirou-se contrariado. Voltando à casa da rapadura, encontrou-se com o capataz e disse com sinceridade:

– Agradeço por ser o segurança da casa-grande durante minhas ausências. Parece que minha mulher está gostando do seu trabalho.

João ficou gelado, pálido, titubeante, mas respondeu:

– Sempre às ordens, senhor conde.

Um dos feitores que ouvira o diálogo e sabia dos boatos que corriam por toda a fazenda comentou à socapa:

– Realmente, é um conde Besta.

Na data aprazada, Clara levantou-se antes de o sol nascer, tomou seu café com broas de mandioca e recebeu um por um os habitantes do Quilombo da Cruz, que vieram despedir-se, abraçá-la com choros e pedidos para que ficasse, com lembrancinhas, promessas de reencontro, agradecimentos e juras de amizade eterna. Aproveitou a emoção que sentia com aquele amontoado de gente e falou com o coração:

– Pessoal, não é para chorar, não é uma despedida definitiva; estou voltando para minha casa, mas voltarei logo que possível. Vou partir e deixar aqui parte de mim; vocês salvaram a minha vida e me ensinaram a viver. Aprendi muito com a mamãe Otília e com cada um de vocês, meus queridos; aqui tive a oportunidade de conhecer o outro lado da vida, de entrar em contato com espíritos bons, que nos deram conselhos, nos ensinaram a viver. Li todos os livros que caíram em minhas mãos, aprendi a fazer remédios com as plantas do nosso quintal; todo o tesouro que estou levando no coração devo a vocês. Não chorem, ficarei alguns dias na cidade, mas depois voltarei para visitá-los. Me aguardem. Não é hora para tristeza; essa é uma partida que tem volta. – Fechou os olhos e agradeceu a Deus por ter sido socorrida naquele quilombo onde reinavam a paz e a harmonia. Depois começou a chorar; não conseguia falar, vencida pela emoção.

Otília saiu em seu socorro: pegou as três sacolas que haviam sido preenchidas com presentinhos feitos pelas crianças e saiu apressada, puxando Clara pela mão. Percebeu que se continuassem naquele ritmo ninguém ia permitir a saída da melhor médium que aparecera naquele lugar.

Ao saírem da mata fechada, Clara começou a se recompor, mesmo com as lágrimas ainda molhando seu rosto. A pedido de Otília, respirava profundamente, para conter as emoções e se recuperar; pensava em voltar logo que pudesse, pois sentia que fazia parte daquela família. Os que haviam nascido ali poderiam visitá-la quando quisessem, como era o caso do jovem Pedro – eram livres, não tinham donos; apenas os fugitivos não poderiam.

Pérola Negra

Isso significava que ela poderia receber a visita de muitas crianças e jovens.

Continuando a longa caminhada, depois de algumas horas, avistou ao longe Teodoro de Alencar no local combinado. Correu feliz ao seu encontro, pulou nos seus braços, e ele a rodou no ar como se ela fosse um pequeno pássaro. Beijos e lágrimas de alegria, abraços que não se soltavam. Os dois choravam de alegria. Ele achava que ela tivesse morrido, ela pensava que nunca mais iria vê-lo, ambos nem sonhavam com esse reencontro, que parecia impossível, mas agora estavam juntos, felizes e agradecidos ao Criador.

Otília presenciou a cena de amor e chorou também, emocionada pela beleza da vida, pelo milagre do amor. Dois jovens, duas vidas que se iniciavam em novas experiências, em uma nova chance de aprendizado no planeta de expiação e provas.

– Você está muito bonita! Pelo jeito trataram você como uma princesa! – disse Teodoro radiante.

– Acha mesmo? Pois fique sabendo que trabalhei diariamente, conheci uma infinidade de coisas, li muito, estudei bastante, brinquei, cuidei de crianças, mas sempre pensando em você. Sentia um vazio na alma, uma tristeza profunda, porém sabia que essa hora um dia ia chegar. E chegou! Agora estamos aqui! Eu te amo! – e beijaram-se pela milésima vez.

A movimentação na casa do tenente Teodoro chamou a atenção da vizinhança. Seu primo, Joaquim, e os caixeiros-viajantes entravam e saíam a todo instante, preparando a pequena comemoração. A alegria era geral, com muitos peixes e vinhos portugueses. Atendendo a pedidos, Clara contou como era a vida em um lugar escondido que ninguém imaginava existir. Parecia até um conto de fadas. Teodoro a presenteou com um belo vestido francês e um vidro de perfume parisiense, mas para ela o maior presente do mundo era ele; só tinha olhos e sorrisos para o grande amor de sua vida. E os convidados não se retiravam, para o desespero dos noivos. Contavam e recontavam todas as peripécias, os momentos perigosos que tinham vivenciado para resgatá-la, as aventuras que agora eram narradas com doses de humor devido ao final feliz.

Clara começou a demonstrar sinais de cansaço, pois no quilombo dormia ao cair da noite. Os convidados viram o adiantado da hora e se acalmaram. Teodoro pediu licença, deixou os convidados na sala e levou-a para o quarto dela.

— Preparei esta cama da melhor maneira possível; espero que você goste – disse Teodoro.

— Só vou gostar se dormir comigo – falou sem rodeios.

— Não posso ficar e deixar meus amigos na sala; este quarto é só seu, fique à vontade. – Clara, que não sabia se conter, fez que não ouviu o que ele disse e começou a se despir. Depois olhou para Teodoro, que estava hipnotizado por ela, e disse com um sorriso matreiro:

— Ué, você não vai para a sala com seus amigos?

Ele não foi. Aquela foi a primeira noite do casal, inesquecível e bela, exatamente como devia ser.

Capítulo 24

A PRISÃO DE CLARA

A manhã estava linda. O sol, ainda calmo, iluminava com cuidado os canteiros, o bosque e as flores, fazendo com que tudo ficasse mais bonito do que era; os pássaros estavam em festa, cantando e cruzando os ares em bandos magníficos, como em uma dança. As poucas nuvens brancas davam à natureza um sentido de calmaria infinita, mas não era assim que Otília se sentia. Nunca o dia 15 demorara tanto para chegar como naquele mês.

O antigo quarto de Clara estava preparado com alguns vasinhos de flores e deveria abrigar sua amiga Benedita. O plano não poderia dar errado. Mãe Otília dirigiu-se até a cidade, no ponto combinado, e ficou aguardando. Depois de longas horas, Benedita apareceu com as correntes que lhe haviam colocado, desta vez acompanhada por dois padres jesuítas vestidos com a batina usada pelos religiosos da Companhia de Jesus, com uma grande cruz de madeira no peito. Como sempre, enquanto ela fazia compras naqueles quarteirões onde estavam os ambulantes, os padres foram até o armazém vizinho para se deliciarem com os vinhos portugueses, acompanhados de aguardente e bolinhos de bacalhau, como mandavam os costumes da época.

Otília comportava-se como se não a conhecesse, mantendo relativa distância da amiga. Em certo momento, aproximou-se e falou disfarçadamente:

– Continue comprando para que ninguém desconfie, mas vá seguindo para aquela direção – e fez sinal com a cabeça apontando para o final da rua.

Benedita estava muito nervosa e tremia muito. Poderia pôr em risco sua fuga e, se fracassasse, morreria na certa – não suportaria as chibatadas; andava com a saúde debilitada. Mas seguiu as instruções, procurando ser forte.

No momento certo, Otília puxou Benedita pelo braço e começaram a caminhar juntas. Viraram a primeira rua à esquerda, e Otília tirou da sacola uma túnica comprida para cobrir a amiga e esconder a corrente de suas mãos. Colocou um lenço em sua cabeça e o enrolou no pescoço, para encobrir o colar de ferro. Benedita deixou as sacolas das compras em um canto qualquer e aceleraram os passos; de longe estavam sendo acompanhadas por Pedro e mais dois jovens fortes, preparados para uma possível defesa. Rapidamente estavam fora do alcance de todos e se embrenharam na mata densa. Ofegantes e nervosas, vencidas pela emoção da fuga arriscada, mesmo percebendo que não estavam sendo seguidas, começaram a correr, sem olhar para trás. Andaram um bom trecho pelo leito do rio, para não deixar pistas. Se houvesse algum problema, os meninos avisariam com um assovio. Mais um pouco e estariam alcançando a entrada secreta que levava ao Quilombo da Cruz.

Algumas horas depois, descortinou-se um sítio ricamente decorado, como uma pequena cidadela escondida no interior da floresta. Otília parou, olhou para sua querida amiga e disse:

– Seja bem-vinda ao paraíso!

Benedita ajoelhou-se e chorou de soluçar. Elevou as mãos ao céu e agradeceu a Deus e a sua salvadora. Otília a levantou e trocaram um abraço repleto de felicidade!

Clara começou por organizar a casa de Teodoro, começando pelos jardins e pelas plantas, cujas técnicas de plantio ela dominava com maestria. Havia um amplo quintal com algumas árvores e uma construção nos fundos, onde ficavam alguns armários e utensílios para o trato da terra; lá se guardava tudo o que não poderia ficar em outro lugar.

Com o objetivo de evitar doenças e ratos, providenciou um local melhor para recolher a urina e as fezes; como o lençol freático tinha pouca profundidade na região litorânea, era proibida a construção de fossas sanitárias, e os excrementos eram retirados à noite pelos escravos e jogados no mar. Estes carregavam nas costas grandes tonéis de esgoto e, durante o trajeto, a amônia e a ureia derramavam-se em suas costas negras, deixando-as com listras brancas, sendo por isso chamados de tigres.[1] No quilombo, região montanhosa, Otília desenvolvera um bom sistema de saneamento, beneficiando a todos.

Clara cozinhava com criatividade e bom gosto, uma alimentação saudável, com pratos deliciosos de sabor inigualável, arrancando elogios do amado e de seus amigos, que agora eram seus amigos também. Tornou-se a dona do lar, com uma particularidade: cozinhava cantando as músicas que tinha aprendido, uma mistura de músicas portuguesas com canções africanas. Foi melhorando a cozinha e redecorando a casa, tornando-a acolhedora, recheada de flores. Continuou com o hábito da leitura; Teodoro trazia os livros que estavam em destaque na Biblioteca Nacional. Por precaução, não saía de casa por nenhum motivo, somente para ir com Teodoro à casa de Joaquim, sempre acompanhada e

---

[1] Esse sistema de esgoto perdurou no Rio de Janeiro até 1860 e no Recife até 1882. A mão de obra gratuita dos escravos postergou a construção de redes de saneamento de esgoto. (Nota do médium.)

Pérola Negra

transitando por ruas pouco movimentadas. Gradativamente, começou a sentir falta das reuniões mediúnicas, das comunicações dos espíritos e das rodas de dança. Lembrava-se com saudades das crianças; sentia o distanciamento obrigatório e sofria. Porém, como havia combinado com Otília, pensou em visitá-la e tocou no assunto com Teodoro.

– Sinto muito a falta das crianças – disse com ar de tristeza.

– Ainda não é prudente afastar-se de casa; vamos aguardar um pouco mais.

E ela, resignada, aguardava esse momento que não chegava.

Como Otília vinha periodicamente para as compras na cidade, também ficou combinado que visitaria Clara nessas ocasiões, mas, com a chegada de Benedita, amiga querida, Otília se ocupou muito e não estava conseguindo tempo para fazer as compras.

Certo dia, depois de um tempo, que foi para Clara uma eternidade, Teodoro percebeu que ela estava muito abatida; não cantava com a alegria de antes, e seu bem-amado julgou que poderiam ser as saudades que apertavam o coração daquela menina linda e inteligente. Então, disse resoluto:

– Meu amor, prepare-se; vou levá-la à casa de dona Otília!

Clara deu um grito de alegria. Pulou no pescoço dele com tanto entusiasmo que, se ele não houvesse se apoiado no sofá, ambos teriam caído. Depois de comemorar com beijos o presente tão esperado, começou a se preparar para a longa caminhada. Teodoro a acompanharia até certo trecho do caminho, conforme instruções da mãe do quilombo.

Clara ficaria uma semana com Otília.

Na saída, Teodoro decidiu aproveitar para devolver os livros à biblioteca e convidou-a para acompanhá-lo, sabendo que ela gostaria de conhecer o prédio onde estavam os livros trazidos de Portugal, a riqueza cultural que estava aproveitando tão bem. Quando se retiravam do edifício abraçados, despertando a atenção dos transeuntes, como dois pombinhos apaixonados – o que não era comum entre um branco e uma negra, apesar de mais da metade da população do Rio nessa época ser composta de negros, principalmente nas ruas –, Teodoro ouviu:

– Tenente, por favor, peço sua licença; somos policiais e fomos designados para prender essa negra que está ao seu lado. – Eram três policiais a cavalo, fortemente armados. Teodoro assustou-se, mas respondeu com calma:

– Qual o motivo?

– Ela está sendo acusada de ter matado Gonçalo, um caçador de escravos, e de ser escrava foragida. Se escapar da pena que lhe será imposta por homicídio, terá que voltar para seu antigo dono.

– Ela é uma escrava alforriada; tenho os documentos para provar, e nada sei dessa outra acusação, pois ela não matou ninguém. – Teodoro reconheceu o policial que lhe dirigia a palavra; eram conhecidos dos bailes da Corte.

– Desculpe, tenente, mas terei que levá-la à delegacia. – Clara estava em estado de choque, tremendo como se estivesse com uma doença qualquer, aflita, confusa, apoiando-se no amado para não cair.

Por respeito ao tenente da Academia Militar, o policial não a algemou, mas ficou preocupado com a reação do delegado, que não iria gostar do seu comportamento arbitrário em não algemar um criminoso, principalmente em se tratando de um escravo. O delegado recebeu o casal e esclareceu que ela deveria ser colocada em uma cela, apesar dos protestos do tenente, pois havia um inquérito, e ele deveria apurar a veracidade das acusações, que eram sérias. Ela permaneceria presa até a conclusão do processo penal, e esses procedimentos eram de conhecimento de Teodoro, que tentava acalmá-la. Ficou de contratar um advogado para a defesa. Pensou positivamente que aquela seria a oportunidade de esclarecer tudo perante a justiça e libertá-la dessas perseguições injustas, tornando-a livre em definitivo para uma vida normal. Não poderia continuar vivendo trancada em uma casa, sem aparecer nas ruas; não seria uma vida digna, embora o que estivesse ocorrendo também fosse extremamente agressivo para ela, para ambos, porém agora não havia outro jeito. Teriam de aguardar a decisão da justiça, e enquanto isso Clara ficaria na prisão. Um ambiente detestável e perigoso, mas o delegado confirmou que ela seria tratada com respeito, por ser mulher de um militar. O delegado também conhecia Teodoro e seu amigo Joaquim da Academia e dos bailes da Corte, e procurou ajudar no que fosse possível, mas não poderia livrá-la do rigor da lei; estava ali para cumprir as exigências legais.

Na cadeia só havia negros; muito raramente um branco era preso. Algumas celas eram destinadas a homens, outras a mulheres; eles não se misturavam. Mas as condições eram péssimas, insalubres. O delegado, cumprindo o que prometera a Teodoro, transferiu todas as mulheres e deixou Clara sozinha em uma cela; apesar dessas providências, era uma situação extremamente constrangedora. Embora bem-vestida, deitou-se no chão sem cobertas, chorando de mansinho enquanto olhava para o teto, refletindo sobre sua vida e pensando na mãe. Sentia-se abandonada; parecia que seus problemas não tinham fim. Sentia falta de Teodoro e sofria mais ainda, pois sabia como ele devia estar se sentindo naquele momento. Foi então que notou a presença de um espírito ao seu lado, que disse o que só ela poderia ouvir:

– Ninguém está desamparado, ninguém está só. Jesus disse que não ficaríamos órfãos. Fique calma, confie em Deus; isso passa! Vai passar mais rápido do que você imagina; estaremos sempre ao seu lado.[2]

Clara acalmou-se, agradeceu a Deus aquela presença doce e amiga, e adormeceu.

---

[2] Questão 495 – "É uma doutrina que deveria converter os mais incrédulos pelo seu encanto e pela sua doçura: a dos anjos guardiães. Pensar que se tem sempre perto de si seres que vos são superiores, que estão sempre aí para vos aconselhar, vos sustentar, vos ajudar a escalar a áspera montanha do bem, que são os amigos mais seguros e mais devotados do que as mais íntimas ligações que se possa contrair sobre esta Terra, não é uma ideia bem consoladora? Esses seres aí estão por ordem de Deus; Ele os colocou junto de vós e aí estão, por seu amor, cumprindo uma bela, mas penosa missão. Sim, onde estejais, ele estará convosco: as prisões, os hospitais, os lugares de devassidão, a solidão, nada vos separa desse amigo que não podeis ver, mas do qual vossa alma sente os mais doces estímulos e ouve os mais sábios conselhos". (Resposta de São Luiz e Santo Agostinho, *O Livro dos Espíritos*.)

Capítulo 25

A PRISÃO DO CONDE THE BEST

A noite estava belíssima, com a lua iluminando suavemente as flores do jardim que ornamentava toda a volta da casa-grande. O chão refletia um azul calmo, as estrelas brilhavam intensamente. Maricota, deitada na rede, exausta do trabalho do dia, matutava com seus botões: "O conde está no Rio enquanto meu marido está protegendo a casa dele; sempre que assume essa incumbência, fica preocupado, diz que não quer decepcionar a patroa, quer realizar um bom trabalho e transmitir segurança. Mas chega cansado, exausto por não dormir bem; diz que fica numa cama que colocaram ao lado do quarto das empregadas, que dorme pouco; deve ser muita responsabilidade guardar uma casa e proteger a patroa. Como agora não é muito tarde e a noite está convidativa, vou cortar uma fatia de bolo de fubá, que é o preferido dele, e preparar o café. Se não encontrá-lo, volto com o bolo e tomo o café", e riu da surpresa que estava preparando para João. Continuou a pensar: "Estou sentindo a falta dele; vou com a cara e a coragem; a patroa é minha amiga, se me encontrar compreenderá as saudades de uma mulher".

Assim fez. Entrou pela porta lateral da casa, por onde entram os empregados. Subiu a escada e seguiu rumo a onde ele poderia estar. A lua clareava todos os caminhos. Depois de andar com cuidado, sem fazer barulho, começou a escutar vozes que vinham do quarto das empregadas. Ficou assustada; como era possível, se não estavam lá? Será que hoje não tinham ido à casa da rapadura? Como a fazendeira permitira isso? "Deixou as escravas com meu marido?!" A porta estava fechada, e uma das vozes parecia ser a de João. Colocou o prato de bolo e a caneca com café em uma mesinha ao lado e, nervosa, começou a girar o trinco da porta devagar, para não fazer barulho. Abriu a porta lentamente, levou um susto e deu um grito alucinante:

– Ah! João, seu safado!! – A fazendeira e seu marido estavam nus sobre a cama.

Maricota saiu correndo desesperada, o coração aos pulos, chocada com o que vira! Foi até o quintal, preparou o cavalo de qualquer maneira e fugiu em desabalada carreira, abandonando a fazenda naquela hora da noite, sem destino, pensando até em acabar com a própria vida.

Enquanto isso, Belarmina segurava o braço do amante e dizia com frieza:

– Ela tem que ser eliminada o mais rápido possível; se alguém souber o que aconteceu aqui, meu marido vai nos matar. É a nossa vida que está em jogo.

Maricota continuava em seu galope desembestado em direção à cidade, raciocinando sobre o acontecido e no quanto fora boba ao acreditar na fazendeira, que a enganara. Estava desconfiada, mas não conseguia acreditar que uma mulher tão nobre, riquíssima, que falava tão bem, pudesse ser tão vulgar e cometer uma baixeza dessas, justamente com ela, que procurava ajudar em tudo. Não tinha para onde ir. Lembrou-se de uma tia que morava no Rio e seguiu em busca de abrigo naquela hora da noite, pensando ainda em dar cabo da vida; era muito sofrimento para uma pessoa só, pensava. Na cidade, ao virar uma esquina em alta velocidade, o cavalo cansado tombou, pois a viagem não tivera parada para descanso, e ela foi jogada ao chão, desmaiando em seguida. Aproximaram-se alguns pedestres para ajudar, inclusive dois senhores que haviam saído de um boteco refinado.

— Para não dizerem que não pratico boas ações, vamos ajudar esta moça! – disse o conde The Best, mal conseguindo ficar em pé devido ao excesso de bebida. Benevides interveio:

— Pessoal, deixa comigo, que de mulher, nesta cidade, eu entendo! – e procurou afastar a turba que se aglomerava. O cavalo continuava deitado, respirando com dificuldade. O conde colocou a moça de barriga para cima, afastou os cabelos que cobriam seu rosto e reconheceu-a de pronto:

— Maricota! O que está fazendo aqui?

Benevides comentou zombeteiro:

— Barbaridade! Eu pensei que conhecia as mulheres, mas você é campeão, conhece todas! Você realmente é o The Best!

A moça traída foi carregada até uma pensão próxima. Depois dos primeiros socorros, quando estava em condições de falar, contou tudo a Bustamante, com riqueza de detalhes. Benevides completou:

— Quero ver agora o que você vai fazer. O pardal pousou na sua mão!

Naquela mesma noite, antes de o sol nascer, saiu da cidade do Rio de Janeiro um homem com destino à fazenda Santa Rita, a fim de realizar um serviço para o qual havia sido pago regiamente.

O conde, contrariado, seguiu para a casa de Eny, onde uma das recepcionistas o recebeu surpresa:

— Conde, nós o esperávamos ontem à noite. Por onde o senhor andou? Será que Eny tem concorrentes? – falou em tom de brincadeira, mas Bustamante não respondeu nada; ainda não havia assimilado a traição da mulher. Carrancudo, seguiu para seu aposento e deitou-se de roupa e tudo.

Pérola Negra

Maricota foi levada até a casa de sua tia, transtornada com o desastre que tinha virado sua vida de pernas para o ar.

Por volta da hora do almoço, o fazendeiro foi acordado pela própria Eny:

– Conde, tem três policiais aí na porta querendo falar com o senhor; já pedi que voltassem mais tarde, mas eles insistem, dizem que é urgente.

– Comigo? – Bustamante pensou que o pau-mandado o havia denunciado, ou que tivesse sido preso e dera com a língua nos dentes. – Peça para esperarem, que preciso me arrumar. Explique a eles que estou levantando agora.

Depois de uma hora, Bustamante apareceu temeroso. Um dos policiais falou:

– Conde The Best, o senhor está sendo acusado de sonega-ção de impostos e tenho que levá-lo à presença do delegado de polícia! – O conde ficou mudo durante um bom tempo, depois respondeu com arrogância:

– O delegado não pode vir aqui?

– Não senhor, ele o está aguardando na delegacia, e somos os encarregados de levá-lo.

– E se eu não quiser ir?

– Teremos que levá-lo à força, mas gostaríamos de sua com-preensão. Se o senhor colaborar, poderá ser liberado rapidamente.

– Posso ir com meu cavalo?

– Sim, por favor, nos acompanhe.

Foi um choque. Ele havia pensado em tudo, menos naquilo. E agora? Quem poderia tê-lo acusado?

O delegado o recebeu respeitosamente, com todos os cuidados que se dispensaria a um nobre, mas foi direto ao assunto:

– Conde, o senhor foi acusado de sonegar os impostos inci-dentes sobre suas exportações de açúcar. O que o senhor tem a dizer sobre isso?

– Tenho a dizer que o senhor precisa me respeitar, dobrar a língua para falar comigo, pois não sou sua mãe! Se soubesse que seria para responder a essa besteira, não teria vindo a esta delegacia nojenta!

– Conde, como determina a lei, preciso ouvir seu depoimento. Gostariam também de deixar claro que o estou respeitando desde o primeiro instante, mas, se o senhor continuar com esse comportamento inadequado, serei obrigado a prendê-lo! – O delegado sabia que estava diante de um grande problema; aquele homem era difícil.

– Quem é o senhor para me prender? Quem o senhor pensa que é? Antes de me acusar de qualquer coisa, procure investigar a vida da sua mãe em primeiro lugar! – Não terminou de falar, sendo interrompido:

– O senhor está preso! – Três policiais seguraram o conde, que ficou lutando, esperneando e gritando inutilmente. Foi algemado e ficou aguardando sentado no chão, pois havia quebrado a cadeira, enquanto o delegado preparava uma cela isolada, afinal, o preso era uma autoridade de respeito. Transferiu os negros para uma cela que ficou superlotada, libertou dois negros acusados de promoverem desordens e jogou o conde em uma cela vazia, separada. Depois de devidamente encarcerado, o delegado retirou-se. O conde, por sua vez, olhou para o lado e falou:

– Não é possível. Foi Deus quem me colocou aqui!

Capítulo 26

A VIDA NO QUILOMBO

Benedita foi muito bem-aceita pelos habitantes do Quilombo da Cruz. Simpática e atenciosa, conquistou a amizade de todos. Otília já a conhecia de longa data e estava feliz em hospedá-la no quarto que fora de Clara. Gradativamente, ela foi participando das atividades do quilombo, encantada com as melhorias criadas por Otília e com a harmonia que reinava naquela cidadela: a distribuição de responsabilidades, a importância do aprendizado, os estudos, as tarefas em grupo, os cuidados com a segurança.

Benedita era uma escrava sofrida; fora açoitada durante anos pelos jesuítas, como se via pelas marcas em suas costas. Torturada e mal alimentada, vivia sempre sob ameaças, portanto sabia perfeitamente avaliar aquilo que agora conhecia. Um novo mundo.

Foi também encaminhada para as reuniões semanais dos quilombolas, e sua adaptação foi uma agradável surpresa, sendo melhor do que esperavam – houve uma explosão de dons mediúnicos: ela via e ouvia os espíritos, dava orientações espirituais, fazia curas com o toque das mãos, ensinava como preparar os remédios e os cuidados que deveriam ter no plantio de determinadas mudas. Enfim, Benedita foi a luz que desceu do céu, para a felicidade daquela comunidade. Todos agradeciam nas preces a chegada daquela mulher; com Clara já era bom, mas com Benedita ficou ainda melhor, pois era uma médium de recursos extraordinários.

O trabalho de Benedita começou a se ampliar gradativamente; não se resumia apenas àqueles encontros sagrados. Ela agia mediunicamente todos os dias, sempre que necessário. Não tinha a cultura de Clara, mas possuía um coração grandioso e um sorriso parecido. Otília, por intermédio dela, consultava os espíritos até sobre os melhores livros a serem emprestados da Biblioteca Nacional. Ela informava que, depois de alguns anos, no futuro, se Otília ainda estivesse na terra, deveria ler os livros que seriam preparados por um missionário francês,[1] sob a supervisão direta de Jesus, que conteriam revelações dos espíritos aos homens, recordação profunda dos ensinamentos do Mestre de Nazaré. Otília estava ansiosa para saber quais livros seriam esses. Quando ficavam conversando em torno da fogueira até altas horas da noite, Otília perguntava, curiosa, como era a vida no plano espiritual, ouvindo com atenção o precioso ensinamento:

– Amiga querida, você será avaliada pelo bem que fizer; essa é a única forma de avaliação que existe. O bem que você faz mostra quem você é! E os espíritos se reúnem de acordo com os gostos que têm; formam cidades, sítios, lugares belíssimos ou imundos, de acordo com seus gostos e vontade, que são um reflexo direto do pensamento. Entendeu? – Otília ficava maravilhada.

Certa noite, Benedita falou da separação de sua filha e da saudade que sentia. Otília notou que a situação sofrida por ela era

---

[1] Esse missionário francês foi Hippolyte Léon Denizard Rivail, (nasceu em Lyon em 03-10-1804 e desencarnou em Paris em 31-03-1869) foi pedagogo, professor, gramático, tradutor, linguista, filósofo e educador, conhecido pelo pseudônimo de Allan Kardec, codificador da Doutrina Espírita, tendo lançado em 18-04-1857 o Livro dos Espíritos, livro básico da Doutrina Espírita.

muito semelhante à que fora contada por Clara, mas não quis adiantar nada, para não criar uma expectativa que poderia não ser verdadeira – eram situações parecidas, mas muitas mães se separavam dos filhos quando eram vendidos a outros compradores; poderia ser um caso desses. Quem sabe um dia Clara fizesse uma visita para conhecer sua nova amiga? Por enquanto, nada estava previsto.

– Benedita, quero que um dia você conheça Clara, de quem já ouviu falar muitas vezes, É minha filha querida. Hoje ela mora na cidade; quando for às compras, vou visitá-la e falar de você.

O pistoleiro contratado por conde The Best chegou à fazenda por volta do horário do almoço e anunciou que queria falar com o capataz, pois trazia o recado de um parente. Não perguntou de Belarmina.

A fazenda estava em alvoroço; sabiam do sumiço de Maricota e havia boatos não confirmados da traição da fazendeira. Essa procura por João poderia ser um recado da mulher traída, que poderia ter se abrigado na casa de um parente e agora fazia contato. Depois de alguns instantes, o capataz apareceu e, quando viu o homem do recado, sentiu que não era coisa boa.

– Você é João, o capataz?

– Sim, sou eu mesmo.

O pistoleiro sacou a arma e falou com raiva:

– Então toma, para aprender a respeitar a mulher dos outros! – e deu dois tiros à queima-roupa no amante da fazendeira.

João mulato tombou pesado, fazendo barulho na terra pisada pelos cavalos. O criminoso montou no cavalo e evadiu-se em alta velocidade.

Pérola Negra

O gerente do engenho examinou o corpo e chamou o padre para benzê-lo, encomendando assim sua alma a Deus. O religioso nem se aproximou; de longe, deu seu veredito:

– Trata-se de um escravo alforriado, mas quem nasce escravo é sempre escravo. Além do mais, traiu o coronel. Não será necessária reza nenhuma; enterre-o no cemitério destinado a pessoas dessa laia.

Enrolaram o capataz em um lençol como se fosse uma rede e o transportaram para além da capela dos escravos, a uma mata distante. Foram designados dois negros para esse trabalho, que não era costumeiro, embora fosse conhecido. Quando começaram a cavar a terra, um deles observou que o corpo respirava.

– Bento, o defunto está vivo!

– Não é possível; eu mesmo examinei e constatei a morte!

– Olhe para o peito dele; está lento, mas dá pra ver que está mexendo para cima e para baixo.

Bento se aproximou e ficou olhando com calma; o peito arfava com suavidade, sinal de que João ainda respirava.

– Como vamos fazer? Vamos enterrar mesmo assim?

– Eu não tenho coragem – respondeu Bento –, mas, se perguntarmos, vão mandar enterrar do jeito que está, principalmente o padre.

– Então vamos esperar ele morrer, depois a gente enterra.

– Você ficou louco? Vamos levar esse pobre coitado para a senzala, na ala dos doentes, onde não entra ninguém com medo das doenças contagiosas, e largar lá; o pessoal que cuida da gente vai cuidar dele. Se morrer, voltamos e enterramos.

– Deixar ele no meio das doenças contagiosas? Aí é que o cara morre mesmo!

– Se ele se livrou de dois tiros no peito, não é qualquer doencinha que vai levá-lo!

Aguardaram o cair da noite e, sorrateiramente, foram conduzindo o corpo até o lugar sugerido. Foi depositado no canto da parede, longe da porta. Rasgaram a roupa boa e colocaram uma roupa de escravo, para que se confundisse com aqueles que estavam esparramados pelo chão.

Quando soube da morte do amado, Belarmina entrou em pânico; deduzia que seria a próxima. Chorava desesperadamente e gritava para todos ouvirem que aquela era a maior injustiça do mundo; que o marido sempre podia tudo e ela nunca podia nada; onde já se vira matar João, um trabalhador, um homem de família que ela amava tanto?

– Não é justo! – dizia para Rosa e Margarida, fiéis escudeiras, que se sentiam consternadas com a aflição da patroa. – E agora, Rosa, quem será que vai me matar? Ou será que Bustamante vai me mandar para Portugal?

Bustamante nem pensava nessa hipótese. Belarmina era a única pessoa de confiança que ele tinha, responsável pelo engenho em suas ausências; eliminá-la seria fechar tudo e devolver as terras ao rei. Ela entendia do negócio e agora deveria assumir tudo, pois, com os graves assuntos para resolver na cidade, ficaria mais tranquilo. Havia eliminado um intruso, e eliminaria quantos aparecessem.

Pérola Negra

Capítulo
27

INQUÉRITO POLICIAL

Benevides, quando soube da prisão do amigo, procurou com urgência o melhor advogado da cidade, dr. Pitombeira da Silva Madeira, que entrou com um pedido de *habeas corpus*[1] pedindo a liberdade imediata do sr. Bustamante Marcondes Carvalho de Almeida, português legítimo nascido em Lisboa, Portugal, detentor do título de conde The Best, réu primário. Nunca fora condenado anteriormente, tinha endereço fixo, sendo empresário bem-sucedido e pertencente à nobreza. Homem honrado, bom

---

[1] O *habeas corpus* só chegou ao Brasil oficialmente com dom João VI, por meio do decreto de 23 de maio de 1821, devido à preocupação com a ilegalidade e o abuso de prisões arbitrárias. Antes os casos eram decididos pessoalmente pelo rei, como é o caso presente. Costuma-se atribuir a origem do habeas corpus à Magna Carta de 1215, imposta pelos nobres ao rei da Inglaterra com a exigência do controle legal da prisão de qualquer cidadão. Fonte: *Wikipédia*.

marido, de conduta ilibada e pacífica, era proprietário da fazenda Santa Rita, onde funcionava um dos maiores engenhos de açúcar da colônia. Argumentou que ele deveria ser colocado em liberdade imediata, por não ser considerado elemento perigoso; que poderia perfeitamente acompanhar o julgamento em liberdade. O *habeas corpus* foi deferido pessoalmente por dom João VI, que, por se tratar de um nobre, concedeu liberdade ao preso, e Benevides, feliz da vida, correu até a delegacia para soltar o amigo.

– Bustamante, você está solto! Liberdade! Você é um privilegiado! Não ficou nem três horas preso!

– Mas quem disse a você que quero sair? Não pedi nada a você! Daqui ninguém me tira! – respondeu Bustamante convicto.

O delegado de polícia, em cumprimento à determinação real, abriu as portas da cela e pediu gentilmente que o conde The Best saísse, em obediência ao *habeas corpus* concedido pelo rei.

– Desculpe, senhor delegado, mas não sairei. Só sairei daqui se levar comigo a escrava que estou procurando como um louco e achei: é esta moça aqui ao lado. Nunca imaginei que ficaria tão feliz ao ser preso.

Clara parecia dormir, ou estava fingindo, mas continuava deitada com os olhos fechados. Não dava a impressão de participar daquela conversa, alheia a todo aquele vozerio.

– Ela é de sua propriedade?

– Sim, inclusive fiz uma denúncia aqui, nesta delegacia, comunicando sua fuga. E não vou sair sem ela.

O delegado foi olhar a pasta e confirmou que de fato aquela escrava estava presa por ser considerada foragida e ter matado um homem.

– O senhor tem certeza de que ela é de sua propriedade?

– Certeza absoluta!

– Conde The Best, não poderemos soltá-la assim, como o senhor está querendo; ela terá que responder pelo crime de homicídio, pois matou um caçador de escravos e terá duas duras penas a cumprir.

– O açoite por ter fugido não vou cobrar; pode libertá-la assim mesmo, pois essa pena quem decide sou eu, e não vou açoitá-la.

Quanto ao crime, não acredito que ela tenha matado alguém, mas ela poderá responder em liberdade, como é o meu caso.

– Ela não tem *habeas corpus*; não posso libertá-la.

– Benevides, tem como você incluir a moça?

– Ficou louco? Conseguir a liberdade de um escravo acusado de matar alguém? Amigo, o que você quer é impossível!

Nisso, o assistente do delegado o chamou para a sala ao lado a fim de mostrar a anotação de que ela havia apresentado a carta de alforria; com essa informação, o delegado mudou o tratamento com o conde, concluindo que estivesse bêbado. Um fazendeiro não iria se apaixonar por uma escrava. Aquele homem mentia descaradamente para uma autoridade; a escrava não lhe pertencia. Na realidade, porém, o conde estava sóbrio. Depois de socorrer Maricota, fora dormir na casa de Eny. Benevides é que passara a noite bebendo, mas estava firme.

– Doutor, se ela não tem *habeas corpus*, vou continuar preso. Estou feliz aqui! – disse o fazendeiro sorridente.

– Conde, o senhor está delirando! Se o senhor não sair, terei que tirá-lo à força!

– Não sairei nunca daqui! O senhor sabe há quanto tempo estou procurando esta mulher? Quantas noites maldormidas? Quanto sofrimento? Passei por tudo isso, mas agora estou muito bem e não quero perder minha felicidade. Reencontrei a alegria de viver! Não vou sair daqui nunca. Escutou, doutor?

Benevides ficou apavorado; seu amigo estava louco! E agora, o que fazer? Deveria chamar um médico especializado em problemas mentais? Será que fora o excesso de vinho da noite anterior? Será que ele batera a cabeça enquanto lutava para não ser preso? E agora?

Com as portas da cela totalmente abertas, Bustamante estava sentado no fundo das grades. O delegado chamou Benevides para ser testemunha do fato lamentável e explicou que seria obrigado a cumprir a determinação real: retiraria o preso da cela à força. Falou também que um caso como aquele ele não tinha visto nunca em toda a sua vida.

Benevides pediu que todos se retirassem, que iria conversar com o amigo; ele devia estar doente. Com reconhecida tristeza e lágrimas nos olhos, Benevides entrou sozinho na cela escancarada, fitou o amigo de longa data, colocou a mão sobre seu ombro e disse:

– O que está acontecendo, amigão? Estou preocupado com você!

– Nunca estive tão bem, Benevides. Olhe para a cela do lado. – Benevides olhou e viu uma negra deitada que parecia estar dormindo.

– Sim, e o que tem isso? Não entendi.

– Você conheceu a minha Estrela? É ela! Encontrei-a justamente aqui, depois de tanta procura e sofrimento, por isso não vou sair. Ela é minha, e não quero perdê-la mais uma vez! E mais uma coisa: não pedi que você fizesse *habeas corpus* coisa nenhuma; você me prejudicou e vai pagar caro por isso. Só sairei se ela for embora comigo. Entendeu?

– Ai, minha Nossa Senhora de Fátima! Você foi encontrar a mulher justo aqui?

– Quero ficar preso; quando ela sair, vou junto. Não é simples? Benevides, passei as três horas mais felizes de minha vida e ainda estou muito feliz, pois estou ao lado dela.

– Meu Deus! Que loucura! – Benevides não sabia mais o que dizer.

Enquanto um tentava convencer o outro, o delegado pegou a pasta de Bustamante a fim de colher a assinatura dele no alvará de soltura, que é a comprovação de que o réu fora solto.

– Eu me recuso a assinar; não quero sair!

O delegado estava impaciente; já havia dado o tempo requerido por Benevides. O rei liberta um nobre, e o delegado o mantém preso – flagrante crime de desobediência! Poderia ser processado e perder o emprego, então decidiu cumprir a ordem recebida do Palácio.

– Chega! – gritou o chefe da delegacia. – Vai sair ou não vai?

– Não vou! Ninguém me tira daqui! – Invadiram a cela, algemaram Bustamante à força e o levaram para a calçada. Foi o único caso da história em que um homem teve de ser algemado para ganhar a liberdade! O delegado tomou o cuidado de fechar a cela para que Bustamante não entrasse mais lá. E, na calçada, com os documentos em mãos, informou:

– Conde The Best, o senhor vai responder pelo inquérito de sonegação de impostos em liberdade, mas vou marcar uma data para ouvi-lo, e o senhor terá de comparecer. Assine aqui, por favor – tentou novamente.

– Não vou assinar! E não darei nenhum depoimento para o senhor!

– Muito bem. Encaminharei ao chefe de polícia o seu caso para que ele o resolva – e, fora da delegacia, tirou as algemas do conde, que imediatamente socorreu o amigo, agora apoiado na parede, quase caindo.

– Benevides, seja forte, não consigo carregar você.

– Sou forte, seu besta.

O conde The Best não gostou do que ouviu, mas gostava do companheiro carioca.

Capítulo
28

O CAPATAZ

João mulato não teve perda significativa de sangue. As balas não atingiram nenhum órgão vital, mas estava enfraquecido e febril, e o caso era preocupante. Fora bem socorrido pelos escravos na senzala porque não os tinha maltratado – exceto por alguns casos plenamente justificáveis, devido à desobediência de alguns, afinal, era o capataz da fazenda.

Convém lembrar que sua presença ali na senzala não era de conhecimento de todos, apenas dos encarregados de tratar dos doentes, uma função bem-vista, devido ao medo das doenças contagiosas. Para os demais, estava morto e enterrado.

Durante as noites de seu período de recuperação, tomara conhecimento do trabalho extraordinário realizado naquele ala;

conhecera verdadeiros anjos e pessoas que se dedicavam totalmente ao bem do próximo, trabalhando no anonimato, mas com amor e eficiência. Conheceu as plantas medicinais apropriadas para seu caso e as comunicações dos espíritos, que davam instruções e tratavam de cada caso, de cada doente em recuperação naquele quarto. Com isso, constatou pessoalmente que a morte não existia; os espíritos bons continuavam trabalhando e servindo em nome de Jesus. No primeiro dia, teve a oportunidade de conversar com uma dessas entidades espirituais:

– Como o senhor acha que estou?

– O irmão vai se recuperar; retiraremos as balas do seu peito. Precisamos de uma pinça comprida para esse trabalho.

– Sem anestesia?

– Não vai doer; temos recursos que o irmão desconhece.

Alguém preparou na oficina esse instrumento, e a cirurgia delicada foi realizada sem nenhuma assepsia, conforme planejaram. João ficou olhando o procedimento sem sentir dor, surpreso com o trabalho dos espíritos por intermédio dos médiuns.

Os espíritos sempre se comunicaram com os homens; o intercâmbio foi constante, em todos os lugares do planeta, mas Allan Kardec, no momento certo, explicou esses fenômenos,[1] sendo o missionário encarregado de receber as revelações dos Espíritos Superiores, sob o comando direto de Jesus, e colocá-las de forma didática, para facilitar a compreensão dos homens, trazendo assim ao mundo a Doutrina Espírita.[2]

A recuperação do capataz estava difícil devido à deficiência na alimentação dada aos escravos, que não continha os nutrientes necessários, segundo os espíritos comunicantes.

Naqueles dias difíceis, João compreendeu o quanto errara ao dar apenas angu de mandioca aos escravos, sem atender aos

---

[1] "Fenômenos que escapam das leis da Ciência vulgar se manifestam em toda a parte e revelam, em sua causa, a ação de uma vontade livre e inteligente. A razão diz que um efeito inteligente deve ter por causa uma força inteligente, e os fatos provaram que essa força pode entrar em comunicação com os homens por meio de sinais materiais. Essa força, interrogada sobre a sua natureza, declarou pertencer ao mundo dos seres espirituais que se despojaram do envoltório corporal do homem. É assim que foi revelada a Doutrina dos Espíritos". (Prolegômenos, *O Livro dos Espíritos*.)

[2] *O Livro dos Espíritos*, do qual Allan Kardec foi o organizador, foi publicado em 18 de abril de 1857, sendo a base da Doutrina Espírita.

inúmeros apelos por uma alimentação melhor. Era só o que comia, retardando assim seu restabelecimento. E quanto a seus irmãos? De onde retiravam forças para executar os trabalhos pesados de cada dia? Deitado na esteira, com sérias limitações, começou a refletir sobre sua vida, seu comportamento, e arrependeu-se amargamente por não ter lutado pelos escravos da fazenda, seus irmãos; poderia não ter tido sucesso, mas estaria com a consciência tranquila. Teria valido a intenção. Arrependeu-se também de se envolver com Belarmina, pois acabara com seu lar e perdera a esposa que tanto amava.

Maricota estava morando com sua tia Abigail no Rio de Janeiro. Estava triste pela morte do marido, mas se recusava a orar por ele, apesar dos conselhos da tia, que dizia:

— Maricota, você precisa perdoá-lo e orar por ele, para que a alma dele descanse em paz.

— Tia, ele destruiu nosso lar. A senhora se esqueceu disso?

— Sim, ele errou, como todos nós erramos, e precisa do seu perdão e de suas preces.

— Ele me traiu descaradamente!

— Você sabe se ele foi obrigado a isso?

— Ah, tia, não me venha com essa! Foi obrigado a trair? Não me faça rir, isso não existe; foi opção dele, e pagou caro pelo que fez!

— Engana-se. A mulher que o seduziu era a dona de um grande engenho, uma das mulheres mais importantes e famosas do Rio de Janeiro, casada com um homem mau, que não a ama e só sabe dar ordens. Certamente ela o obrigou, o ameaçou tanto, que ele acabou cedendo. E, se pagou um preço caro, como você disse, com esse comportamento anticristão, você está aumentando esse preço. — A tia queria demover a sobrinha de pensamentos negativos, com objetivos velados de vingança.

— Tia, a senhora está divagando. Ele não deveria ter aceitado se me amava; aceitou porque não me respeitou e destruiu nosso lar.

– Mas você disse que ele a tratava bem, que era bom marido, carinhoso. Não é verdade?

– Sim, me tratava bem, era bom marido, mas me traía às escondidas.

– Não acho justo não orar por ele; você está aumentando o sofrimento de um filho de Deus que se equivocou, que está sofrendo, só isso. Jesus pediu que você fizesse aos outros o que gostaria de receber.

Maricota ficou pensativa durante alguns minutos e respondeu:

– Bom, titia, como disse: ele pagou caro, com a própria vida, porque merecia, mas vou pensar na sua sugestão de orar por ele. Não me custa nada; às vezes sinto falta daquele mulato que gostava do meu bolo de fubá.

– É assim que se fala, menina! Ele vai prestar contas a Deus; não será nem pra mim, nem pra você. Por isso não devemos cobrar nada dele, apenas pedir ao nosso Pai que o ajude a melhorar a cada dia – respondeu Abigail, inspirada pela rápida aceitação da sobrinha.

– Não vou pedir que ele seja perdoado; não me peça isso.

– Isso não vamos pedir, porque Deus não perdoa ninguém, apenas nos dá condições para repararmos nossos erros.

– Deus não perdoa? – perguntou Maricota intrigada.

– Deus não perdoa ninguém porque não se sente ofendido. Você é que precisa perdoar João, porque se sentiu ofendida. E mais: não existe erro, existe aprendizado. Quem erra, aprende! Esse erro bárbaro está sendo um grande aprendizado para ele.

– Tia do céu! Como é gostoso conversar com a senhora!

– Então vamos orar![3]

– Começaremos hoje à noite, ao deitar – e abraçaram-se felizes.

---

[3] Questão 664 – "A prece não pode ter por efeito mudar os desígnios de Deus, mas a alma pela qual se ora experimenta alívio, porque é um testemunho de interesse que se lhe dá, e o infeliz é sempre aliviado quando encontra almas caridosas que se compadecem de suas dores. Por outro lado, pela prece, provoca-se o arrependimento e o desejo de fazer o que for preciso para ser feliz. É nesse sentido que se pode abreviar sua pena, se por seu turno ele ajuda com sua boa vontade. Esse desejo de melhorar-se, excitado pela prece, atrai, antes de Espíritos sofredores, Espíritos melhores que vêm esclarecê-lo, consolá-lo e dar-lhe a esperança. Jesus orou por todas as ovelhas desgarradas, mostrando-vos, com isso, que seríeis culpados não o fazendo por aqueles que mais necessitarem". (*O Livro dos Espíritos*.)

O ajudante encarregado de recolher as cuias na senzala não entrava no quarto dos doentes, onde a porta era mantida fechada, para evitar contágios. Porém, naquela tarde, ao recolher as cuias, notou pela fresta da porta um escravo sentado junto à parede, que não era tão negro assim. Firmou a vista e reconheceu o capataz sentado, conversando com outro doente. Ficou apavorado, porque para ele o capataz estava morto. Comunicou ao escravo responsável pelos doentes, que foi obrigado a lhe contar tudo, pedindo segredo. Por esse motivo, para não comprometer outros colegas, João foi obrigado a sair dali imediatamente. Mas como poderia fugir, se a senzala tinha as portas fechadas com correntes à noite? Estudaram as possibilidades, e João ficou de sair pela manhã, logo após a abertura das portas, quando todos tomavam a cuia de angu e seguiam para seus postos de trabalho – embora, ainda assim, ele seria facilmente reconhecido. Combinaram então que ele sairia por último, com um pano cobrindo a cabeça, à semelhança de um capuz, como se estivesse com frio, e entraria no depósito da casa da rapadura, que ficava próximo, onde antes trabalhava sua mulher e as escravas dormiam nas noites especiais.

Entrou no depósito, que conhecia bem; era um esconderijo apropriado. Havia muitos equipamentos, formas para a rapadura, barris, tábuas, fardos de feno. Olhando aquele ambiente, lembrou-se de Maricota, sentindo um calor no peito; ela ainda era o grande amor de sua vida. Estava muito fraco, sem condições de andar, quase caindo. Escondeu-se o melhor que pôde e dormiu, ou desmaiou, atrás de algumas caixas de vinho.

Na hora do almoço, Rosa entrou no depósito para pegar uma caixa com doze garrafas de vinho, quando viu o escravo deitado ao lado de umas tábuas. "Que moço sem-vergonha, fugindo do trabalho", pensou. Levantou o pano que cobria o rosto do sujeito, deu um grito e desmaiou. João, por sua vez, acordou assustado

Pérola Negra

e viu Rosa caída a seus pés. Levantou-se com dificuldade e a socorreu, ajudando-a a voltar a si, chamando seu nome repetidas vezes.

– Suma daqui! Você morreu! Você morreu! – ela dizia, desesperada, querendo fugir do defunto.

– Acalme-se, Rosa. Estou vivo; não fique assustada. Estou vivo, estou bem. – Ela foi se aquietando. Sentou-se ao lado dele e notou penalizada que João mulato estava muito magro, só pele e osso.

– Meu Deus! Pensei que tivesse morrido! Todos nós pensamos! O que foi que aconteceu?

João contou tudo o que sabia e pediu que ela não falasse com ninguém, pois aí sim morreria. Ela tratou de pegar a caixa e voltar ao trabalho, temendo que pudessem sentir sua falta.

– Desta vez não posso ajudar; não tenho forças para nada!

Ela sorriu e disse:

– Vou trazer alguma coisa para você comer, fique tranquilo. Ninguém vai saber que está aqui! – alguns minutos depois, Belarmina, chorando desesperadamente, invadiu o depósito.

Capítulo 29

O DELEGADO DE POLÍCIA

Após ser liberado da prisão, o conde The Best, que ainda não tinha retornado à fazenda, foi procurado pelo amigo para pagarem o advogado encarregado do *habeas corpus.* Enquanto aguardavam na antessala do escritório do causídico, Bustamante perguntou:

— Qual é o nome dele mesmo?

— Pitombeira da Silva Madeira — respondeu Benevides.

— Pitombeira? Isso é nome de gente? — começou a rir, debochado.

— Mais bonito que o seu! O meu é Benevides, que quer dizer: *bene*, boa, bem; *vides*, vidas, que significa "boa-vida" — e riu orgulhoso.

— E por que acha que meu nome é feio?

— O que quer dizer "Busta"?

O coronel agarrou o braço do amigo com força e falou:

— Seu idiota, vamos parar com essa brincadeira!

– Foi você quem começou!

Foram chamados pela secretária do famoso advogado e entraram no gabinete luxuoso.

– Prazer em conhecê-lo, conde The Best. Que bom que o soltaram em apenas três horas!

– Doutor Pitombeira – e não conseguiu segurar o riso, o que o advogado interpretou como alegria por estar livre –, agradeço seu trabalho; viemos pagar o seu serviço. Gostaria de saber se teria como fazer o mesmo documento para a soltura de uma escrava de minha propriedade que está presa naquela delegacia.

– Não, não existe fundamento jurídico para isso; escravo não é um cidadão, é coisa, é um semovente.

– É uma pena; sinto que posso perdê-la novamente.

– Por favor, conde, vamos ao que interessa; não perca tempo com futilidades! Existe outro assunto sobre o qual precisamos conversar: o senhor está sendo alvo de uma denúncia de sonegação de impostos e poderá ser preso por isso.

– Primeiro vamos falar de futilidades. Essa escrava é como se fosse da família; não queria que ela continuasse presa. Ela fugiu, foi recapturada, é de minha propriedade e precisa voltar para a fazenda.

– Não estou entendendo... O senhor não está preocupado com sua prisão? O senhor tem ideia de qual será sua pena se for condenado nesse processo? Há vinte e sete anos, Tiradentes foi enforcado porque não queria pagar vinte por cento de impostos a Portugal; o senhor não está se recusando a pagar, o senhor simplesmente não pagou, sonegou. Seu crime é pior que o de Tiradentes. Ela poderá ser solta, mas talvez o senhor não esteja na fazenda para recebê-la, pois vai estar preso. É isso o que o senhor quer?

Advogado hábil, astuto, fez Bustamante remexer-se na cadeira, agora realmente preocupado.

– O que devo fazer, doutor?

– Vamos nos concentrar no seu processo. O senhor terá que comparecer no dia do depoimento na delegacia; vou acompanhá-lo. O caso é sério! O crime é grave!

Assinaram os documentos jurídicos necessários e um novo contrato de honorários para o dr. Pitombeira, filho de brasileiros, formado em Portugal pela Universidade de Coimbra.

O depoimento de Clara foi agendado para o dia seguinte ao de sua prisão. Réu preso tem prioridade na elucidação dos inquéritos. O delegado pretendia ouvir os três capangas que acompanhavam o capitão do mato no dia de sua morte. Apenas dois deles foram localizados e trazidos pelos policiais; eram as principais testemunhas, e foi um deles que a denunciou por ter matado seu chefe. Não ouviria João mulato (falecido), o capataz que enterrara Gonçalo. Mas ouviria Bustamante Marcondes de Almeida, conde The Best, que alegava ser o proprietário de Clara; Teodoro de Alencar, apresentado na carta de alforria como proprietário legítimo da jovem; e Joaquim de Melo, que estava presente na lavratura da alforria. Não achou necessário falar com o padre da paróquia que lavrara o documento. Todos estavam presentes, com exceção do conde The Best, que não fora intimado para a audiência. Clara continuava na cela.

O delegado chamou em primeiro lugar a testemunha do crime de morte; os outros ficaram na sala ao lado, para que um não ouvisse o depoimento do outro. Depois das formalidades legais, iniciou:

— O senhor fez a denúncia de que essa escrava matou Gonçalo, seu chefe. Conte-me o que o senhor presenciou.

Depois de ouvir com detalhes a descrição dos fatos, o delegado perguntou:

— Ela foi considerada escrava foragida e foi recapturada. Vocês tomaram o cuidado de acorrentá-la nas mãos e nos pés?

— Sim, e colocamos o colar de ferro no pescoço dela, para que não fugisse.

— Quando ela atacou o capitão do mato estava livre, sem as correntes?

— Não, estava acorrentada.

Pérola Negra

– E como ela matou Gonçalo? Com arma de fogo ou arma branca?

– Nem uma coisa nem outra; mas foi ela quem matou.

– De que maneira ela conseguiu matar seu chefe?

– Com a ajuda do diabo. Ela gritou socorro, o diabo apareceu e matou Gonçalo; ele morreu na hora.

– Você viu o diabo?

– Não vi, nem quero ver.

– Depois que Gonçalo morreu, ela continuou amarrada?

– Sim, não tiramos as correntes em momento nenhum.

– Você lembra se naquele dia vocês tinham bebido alguma coisa?

– Sim, bebemos um pouco, tanto é que estava dormindo. Acordei com os gritos do patrão.

– Depois você voltou ao local do crime com o capataz, na Boca do Bode, para enterrar o chefe. Nessa ocasião, você examinou o defunto?

– Não, não tive coragem.

– O capataz comentou se encontrou algum ferimento no corpo?

– Não encontrou nada.

– Então, meu amigo, se a situação é essa que está me contando, terei que prender o demônio!

– Mas foi ela quem matou!

– Ela não matou, chamou o demônio para matar; não é isso?

O depoente ficou mudo. Concordava com o delegado, que pensou: "E agora, o que faço? Ouço o próximo depoente?"

Com o segundo depoente foi pior: ele reconheceu que estava bêbado, dormindo e que não vira nada, apenas tinha ouvido os gritos do companheiro, que dizia que a escrava havia matado Gonçalo, que ela tinha parte com o diabo. Com a paciência no limite, o delegado perguntou:

– Vocês tinham bebido muito naquela noite?

– Sabe, doutor, a gente bebe bem.

– Beber bem é beber muito?

– Mais ou menos.

– Agradeço por terem vindo, estão dispensados.

O delegado justificou no processo o motivo de não ter intimado Bustamante Marcondes de Almeida, o conde The Best. O sr. Bustamante denunciara a fuga de uma escrava de sua propriedade, de nome Estrela. A descrição física era semelhante, mas escravas moças eram todas iguais. Aquela se chamava Clara, tinha carta de alforria apresentada pelo tenente Teodoro de Alencar, engenheiro da Real Academia Militar, com quem vivia maritalmente, e fora colocada em uma cela ao lado da do conde, permanecendo de olhos fechados durante todo o tempo, alheia a tudo; não teria esse comportamento se já o conhecesse.

Chamou o tenente Teodoro e perguntou:

– Onde o senhor conheceu a escrava?

– Senhor delegado, não se trata de uma escrava, e sim de minha mulher. Ela tem carta de alforria, como já mostrei anteriormente. Era minha escrava quando criança; depois que se tornou jovem nos apaixonamos e concedi a ela a carta de alforria, exatamente como consta no documento.

– Qual o nome dela?

– Chama-se Clara de Assis.

– O senhor conhece o conde The Best?

– Sim, e sei que ele perdeu uma escrava parecida com Clara, mas tem outro nome e uma grande diferença: Clara é totalmente alfabetizada, possui conhecimentos de botânica, é culta e diferente de uma escrava comum. Isso o senhor poderá constatar.

– Notei que ela tem a marca nas costas.

– Infelizmente, todos os que chegam da África são batizados no Cais do Valongo e recebem essa marca cruel. Doutor, sei que o senhor só tem mais uma pessoa para ser ouvida; gostaria de saber se posso levá-la para casa após essa oitiva, porque está sendo constrangedor e sofrido ela permanecer presa quando existem evidências concretas de que é inocente e livre.

– Espere, que ainda ouvirei o senhor Joaquim de Melo. Será rápido. Antes quero fazer um teste. – Pegou um livro jurídico em sua estante e dirigiu-se à cela de Clara, pedindo: – Por favor, leia o que está aqui. – Ela leu com desenvoltura e clareza, o que surpreendeu o delegado. Normalmente, pessoas de pele negra eram analfabetas, por não poderem frequentar as escolas, e o fato de aquela moça poder ler confirmou o depoimento de Teodoro. O

Pérola Negra

delegado não achou necessário ouvi-la; já tinha chegado a uma conclusão.

Alguns minutos depois, os três estavam sorridentes, dirigindo-se à casa do tenente para uma noite de comemoração, enquanto o delegado fazia o relatório concluindo o inquérito e pedindo seu arquivamento.

Capítulo

30

OS CÁLCULOS
NA ALFÂNDEGA

Uma das pessoas da alfândega sentiu-se lesada na distribuição dos ganhos no esquema de sonegação. Tentou acertar-se, mas não foi possível; para atender às suas exigências, alguém teria de abrir mão de um pouco de sua parte, o que era impossível. Revoltada com os colegas, fez várias ameaças; como não foi atendida em seus objetivos, decidiu denunciar a sonegação de impostos que havia em seu departamento, com a condição de se manter no anonimato, com medo de represálias. A acusação tinha fundamento, mas envolvia dois condes, pessoas de confiança do rei, o que tornava a situação mais grave. O delegado já havia prendido o conde The Best por desacato à autoridade, por precaução; mas um *habeas corpus* em momento inoportuno prejudicou as investigações. E prejudicou mesmo: Bustamante procurou o conde Burgos e tramaram uma forma de confundir os cálculos para evitar a condenação, além de suspenderem o que estava sendo feito.

Para evitar o contato entre os envolvidos, o delegado procurou antecipar o depoimento do fazendeiro, para dificultar a defesa que estava sendo perpetrada, e designou um assistente para acompanhar e conhecer os cálculos na alfândega. O denunciante também era peça-chave, mas ficaria no anonimato, dando toda a assessoria possível aos investigadores. Com a urgência possível, o delegado marcou o dia do depoimento de alguns dos envolvidos. Compareceram o conde Burgos, o conde The Best e um dos funcionários do porto, acompanhados dos respectivos advogados.

Segundo constava no processo, o esquema consistia na mudança do peso do açúcar exportado. Havia dois pesos: aquele do açúcar no navio, que era o correto e identificava o valor final da venda, e o peso menor, adulterado, colocado na planilha. O cálculo do imposto incidia sobre o valor exportado que constava na planilha, para diminuir a incidência dos tributos. Fiscais selecionados pelo chefe-geral, que era o conde Burgos, acompanhavam as pesagens e assinavam como se tudo estivesse certo. O primeiro a ser chamado para dar seu depoimento foi o conde The Best.

– Conde, o senhor sabe do que está sendo acusado?

– Sei, mas não concordo, pois não existem as diferenças que dizem; as pesagens estão corretas. – A resposta estava perfeitamente de acordo com o treinamento recebido pelo dr. Pitombeira.

– O senhor, quando pesa o açúcar que sai da fazenda, não nota diferença quando é efetuado o cálculo do imposto?

– Eu não peso o açúcar na fazenda; aceito o peso da alfândega, onde a balança é mais confiável – mentiu.

– Mas o senhor é obrigado a fazer a pesagem na fazenda!

– Sim, mas não peso; minha balança não é boa – mentiu mais uma vez.

– Então o senhor não tem controle do que produz?

– Claro que tenho! A experiência me diz o quanto foi produzido, só de olhar; não preciso pesar! – continuou a mentir.

– Conde, o senhor sabe que o peso do açúcar no navio não é o que consta na planilha!

– Não sei não, confio no trabalho da alfândega – insistiu.

– No último dia 10, o açúcar exportado foi vinte por cento superior ao mencionado na planilha.

– Desculpe, mas não trabalho na alfândega, não posso responder. Não tenho conhecimento do peso que consta no navio nem do peso na planilha.

– Eu tenho aqui o peso do navio e o peso mencionado na planilha.

– Doutor, para conferir, o senhor teria que pedir para o navio voltar! Não basta falar; tem que provar – e começou a rir, debochado.

O delegado resolveu encerrar o depoimento:

– Muito obrigado, conde, pela sua presença. Vamos continuar nossa investigação e, se necessário, o chamaremos depois.

– Doutor, gostaria de aproveitar para saber da minha escrava. Como ela está?

– Sua escrava? Não basta falar; tem que provar! Foi embora no último navio; não tem como pedir para voltar. Passar bem, senhor conde!

– Desculpe, o senhor não gostou do que falei? – o dr. Pitombeira puxou-o pelo braço. O conde levantou-se, mas ainda disse: – Onde está Estrela? Preciso falar com ela.

O delegado aguardou que o conde The Best saísse e chamou o conde Burgos, chefe-geral da alfândega no setor de exportação de açúcar, que entrou acompanhado de seu advogado.

Depois das explicações iniciais e das considerações jurídicas, o chefe da delegacia perguntou:

– O senhor tem conhecimento das acusações que estão sendo feitas ao trabalho da alfândega?

– Sim senhor.

– E o que o senhor acha disso?

– Acho que algum funcionário público descontente inventou essa história para conturbar o ambiente – mentiu.

– Então as diferenças apontadas não existem?

– Não sou eu quem faz as pesagens, nem quem escritura as planilhas; apenas assino os fechamentos para apuração do imposto a ser recolhido. Confio em meus funcionários, até o dia em que não puder confiar – mentiu de novo.

Pérola Negra

– Tenho um relatório das quantidades exportadas por todos os exportadores de açúcar e das quantidades colocadas nas planilhas, para efeito do cálculo do imposto. A diferença é significativa. O senhor sabia disso?

– Não, não sabia dessas diferenças, e agora é difícil conferir, pois os navios partiram para seus destinos em outros países.

– O senhor acha que, se pedirmos essa pesagem no destino de cada navio, constataremos a diferença? – Repentinamente, o conde ficou nervoso, pois esse pedido era possível e seria a prova fatal do esquema de sonegação.

– Não acredito que seremos atendidos; às vezes, um navio entrega açúcar em dois ou três países, e os pesos fracionados podem gerar confusão.

– Sim, mas existem exportações que têm destino único, como as exportações para a Inglaterra, por exemplo.

– Sim, se responderem, poderemos conferir. – O conde Burgos ficou apavorado!

– Conde, não tenho mais perguntas e agradeço sua presença.

O delegado encerrou a oitiva com a esperança de obter essas informações. Precisava apenas da autorização do rei dom João VI na Carta Rogatória, isto é, a solicitação deveria ser feita pelo próprio rei, pois envolvia relacionamento com outros países.

Naquela noite, os condes se encontraram na casa de Eny.

– Conde The Best, ele quer conferir as quantidades em cada país de destino. Se fizer esse pedido, vai levantar suspeitas sobre os trabalhos da alfândega, o que não é bom.

– É possível isso?

– O pedido precisa ser feito pelo rei, e os países que responderem vão acabar com a nossa vida!

– Vamos falar com algum conselheiro do rei, informando que esse pedido não pode ser feito por questões políticas, ou outra coisa qualquer, nem que a gente tenha que pagar alguém. Se o conselheiro negar, o rei não assina; dom João é medroso. Precisamos trabalhar com urgência!

– E como estão as coisas na alfândega?

– A situação está difícil. Estamos trabalhando com o assistente do homem lá. E está acontecendo uma coisa ruim para a imagem da alfândega: como agora os lançamentos precisam estar corretos, estão aumentando os impostos a recolher, e isso não é bom. Porém, não tem o que fazer, paciência!

– Esse aumento de imposto é semelhante a uma confissão. Temos que dar um jeito.

– Não tem como; estamos sendo fiscalizados em cada exportação!

Eny percebeu o semblante sério dos condes e se aproximou:

– Bustamante, o conde Burgos já me contou sobre a situação. Só preciso que tragam aqui o assistente do delegado, o resto fica comigo. Vejam também quem é o conselheiro encarregado das exportações. Muitos estão comigo há anos; se ele não for meu cliente, vou precisar de ajuda.

Ambos sorriram e começaram a noite como se fosse uma comemoração.

Capítulo
31

BELARMINA NA FAZENDA

Belarmina ficou extremamente penalizada com a situação de João mulato, magro como uma vara de bambu e impossibilitado de andar. Estava muito fraco. Decidiram colocá-lo na cama que fora de Estrela; lá estaria escondido daqueles que ainda não sabiam de sua presença. A fazendeira se desdobrava em cuidados e gentilezas, beijava-o e o abraçava com carinho.

– Meu amor, não consigo viver sem você! Minha vida era vazia, sem alegrias, sem sonhos, até o dia em que o conheci. A partir daquele momento, tudo mudou; descobri uma nova razão para viver! – Estava sendo sincera. – Ah! Como te amo, como admiro sua luta, seu esforço, sua garra, sua coragem; daria tudo o que tenho para você se recuperar totalmente e voltar a ser o João de sempre! Deus ouviu minhas preces!

– Belarmina, agradeço o que está fazendo por mim, mas, se estou aqui, é graças a Deus e aos escravos que tratam dos doentes na senzala; você não pode imaginar o mundo novo que encontrei!

– Agora durma, repouse. Um desses escravos esteve aqui enquanto você dormia e deixou algumas ervas medicinais que não conheço, mas Rosa as está preparando para você. Agora repouse, para que as feridas tenham uma boa cicatrização!

Bustamante Marcondes Carvalho de Almeida vinha pouco à fazenda; estava resolvendo problemas sérios no Rio de Janeiro e precisara delegar as principais funções para a mulher; não contou que tinha chegado a ser preso, nem que encontrara Estrela. Quando aparecia, era para decidir poucas coisas e acompanhar com rapidez o que estava sendo feito.

Belarmina seguia firme no comando, desenvolvendo um bom trabalho com coragem e dedicação; discutia os assuntos administrativos e de produção com o gerente do engenho, e aproveitou para colocar o padre longe da casa-grande. Poucos sabiam da presença de João: os dois escravos que tinham ido enterrá-lo e que não podiam falar nada, senão estariam seriamente comprometidos por desobedecerem a uma ordem; os dois escravos que trabalhavam amparando os doentes; aquele que recolhia as cuias; e as escravas da casa-grande. Se o caso fosse de conhecimento do coronel, ele terminaria por matá-lo, apesar de estar tratando a esposa normalmente, como se nada tivesse acontecido. Seu pensamento era: "Preciso proteger a horta; se aparecer pardal, eu mato. A horta é minha, devo tudo a ela, não permito intrusos!" Na realidade, o coronel valorizava muito mais os bens materiais que as coisas do coração. Como estava com sérios problemas, não tivera tempo nem condições de brigar com a esposa. Estava concentrado na luta pela situação financeira da fazenda e pela sua liberdade.

Em certa manhã de outono, João mulato estava mal, com aparência de quem se despedia do mundo. Rosa ficou preocupada e correu para avisar Belarmina. Amparada por Rosa e Margarida, ela debruçou-se aflita sobre ele e falou com carinho:

– Que foi, meu amor? Você está com dores? O que está sentindo? Fale, não fique assim; estamos aqui para fazer o que for necessário. Quer um pouco daquele chá?

– Belarmina, eu queria que você melhorasse a comida dos escravos. – A fazendeira ficou surpresa com o estranho pedido; afastou-se um pouco e ficou muda por longos minutos. Depois, perguntou:

– Por que você está falando isso?

– Comi durante alguns dias a comida que damos a eles. Não sei como estou vivo; aquela alimentação é muito fraca, e eles trabalham pesado. – Novamente, ela ficou em silêncio, pensativa.

– Desde que você entrou na fazenda, não me lembro de ter falado sobre isso, a não ser que tenha falado para o Bustamante Marcondes Carvalho de Almeida e não fiquei sabendo.

– Estou falando agora. Não falei antes, porque não sabia o que era comer aquilo; agora sei.

– É tão ruim assim? – perguntou, e João começou a chorar. Ela o abraçou carinhosamente, enxugou as lágrimas com o lenço bordado que trazia e disse:

– Não fique assim, não quero vê-lo triste; prometo que vou estudar seu pedido. Falarei com o pessoal da cozinha para ver o que pode ser feito e qual será o custo adicional. Você tem sorte; meu marido deixou muita coisa sob minha responsabilidade, e essa é uma delas.

João sorriu e chorou novamente, agradecido. Na realidade, o capataz estava muito mal e não queria morrer sem antes ter lutado pelos escravos que o haviam ajudado, e foi o que fez.

– Preciso de mais coisas, Belarmina, e essas não custam nada. Quando estava escondido na senzala, os escravos Antonio e Zeca cuidaram de mim.

Belarmina interrompeu:

– Já sei. Quer que os coloque numa função mais leve, mais tranquila, como pagamento pelo que fizeram?

– Não, não é isso. Aprendi muito naqueles dias. Você sabe que as pessoas que já morreram voltam para falar com a gente?

– Isso não é possível; foram momentos de delírio que você teve.

Pérola Negra

– Muito bem. Esses dois rapazes permitiram que os espíritos falassem por intermédio deles, e esses mesmos espíritos retiraram duas balas de chumbo do meu peito. Fiquei olhando e não senti dor!

– João, você me desculpe, mas vou rir – e caiu na gargalhada. – Como é possível isso? – As serviçais não riram; sabiam que isso era possível e estavam gostando da história.

– Veja – ele apontou as cicatrizes. – Você não acredita, mas as balas não estão mais aqui; se tivessem, não haveria cicatrização.

– O que você quer que eu faça com o Antonio e o Zeca?

– Quero sua permissão para que venham aqui a fim de continuar meu tratamento. Me desculpe, mas não estou passando bem, preciso deles.

E assim foi feito. No dia seguinte, os médiuns entraram pela primeira vez na casa-grande e foram até o quarto de Estrela, com a desculpa de que iriam atender as serviçais da casa. Todos estavam reunidos para assistir o que eles poderiam fazer. Belarmina pedia a Deus pelo querido mulato e estava muito preocupada com o que poderia acontecer ali, mas não fora capaz de recusar o pedido do amado. Os dois escravos ficaram tomados por espíritos e começaram a falar:

– O menino vai melhorar; precisa tomar o chá com estas folhas – e mostraram quais eram. – Também tem que se alimentar bem, para ganhar força no corpo. O corte foi bom, é caso resolvido, agora precisa apenas de novas energias. – João parecia estar sonolento com as energias espirituais que recebera.

– Muito obrigada – falou Belarmina ao espírito. Não era comum ela reconhecer o trabalho realizado por um escravo, mas estava feliz pelo que faziam por João, mesmo sem ter certeza de que o comunicante era mesmo um espírito.

– Minha filha – falou Zeca com voz diferente, dirigindo-se à fazendeira –, você não vai se arrepender de fazer o bem. Suas boas ações serão seu tesouro, sua riqueza; pratique todo o bem que estiver ao seu alcance, faça para os outros o que gostaria de receber. Sempre estaremos com você. Sou sua mãe Etelvina, estou aqui com o tio Olegário e a vovó Matilde. Nós te amamos muito, filha querida, patinha do meu coração; estaremos sempre ao seu lado! – Belarmina desmaiou e foi socorrida por Margarida, que a amparou para que não caísse.

O doente principiou a chorar de emoção, juntamente com as duas domésticas da casa.

A fazendeira depois esclareceu que "patinha" era o apelido que sua mãe lhe dera por andar com fraldas – parecia uma pata, e imitou o jeito que fazia, sempre rindo e atenciosa com os escravos, que tomaram um lanche antes de retomar as atividades do dia. Ao se despedir, Antonio informou:

– Rosa está com um problema no estômago; não sabemos se é caso de cirurgia, mas precisa ser socorrida o quanto antes.

– Realmente tenho digestão difícil e dores no estômago após as refeições; também não posso tomar café. Quando vocês podem me atender?

Dona Belarmina antecipou-se:

– Se quiserem voltar amanhã no mesmo horário, estamos às ordens! – e, depois que saíram, completou: – O padreco não pode saber destas reuniões, muito cuidado!

Pérola Negra

Capítulo

32

A TRANSFORMAÇÃO DE BELARMINA

Belarmina estava maravilhada com o mundo que descobriu. Então a morte não existia?

João foi obrigado a repetir tudo o que presenciara na senzala e discutiam os detalhes de cada comunicação. "Então minha mãe vive e está sempre comigo?", pensava, e se sentia a pessoa mais feliz do mundo.

No dia seguinte, Belarmina foi até a cozinha da fazenda, acompanhada de Antonio e Zeca, a fim de darem as orientações para as mudanças na alimentação dos escravos, cujo início seria imediato.

O gerente do engenho revoltou-se:

– Não concordo; a senhora deveria seguir as normas criadas pelo conde The Best!

– E o senhor deveria fazer para os outros o que gostaria de receber, norma criada pela minha mãe! – Enganara-se; quem havia ensinado isso tinha sido Jesus.

Belarmina não se continha de tanta felicidade; queria que João descrevesse mais uma vez como fora a sua cirurgia; queria conhecer tudo, e agora aguardava com ansiedade para assistir ao que seria feito com Rosa. Estava convicta de que sua mamãe estava a seu lado, exatamente como tinham dito os espíritos familiares que haviam se comunicado por Zeca; estava encantada.

Rosa acabou passando por uma cirurgia por intermédio daqueles médiuns de efeitos físicos. Belarmina acompanhou tudo de perto e fez várias perguntas aos comunicantes. Continuou seu aprendizado com entusiasmo e alegria incontida.

João mulato recuperava-se a olhos vistos, mas surgiu um problema: os espíritos informaram que outras pessoas na fazenda precisavam ser socorridas; onde poderia ser feito o atendimento? A princípio pensaram na senzala mesmo, mas recusaram a ideia, devido às condições higiênicas do local – era pior que um chiqueiro, e aquilo para Belarmina foi uma surpresa desagradável, porque nunca se interessara em saber como viviam. À noite, não tinham uma vasilha para recolher a urina e as fezes, e essa sujeira ficava em um canto, atraindo grande quantidade de ratos. O local mais apropriado era a capela dos escravos, pois só era utilizada aos domingos. Pela localização e pela falta de bancos, facilitaria a instalação de, pelo menos, duas camas, se necessário. Belarmina resolveu a falta das vasilhas para a higiene dos escravos e foi falar com o padre.

– Padre, como o senhor sabe, Bustamante tem ficado mais tempo na cidade do que aqui e me passou a direção da fazenda.

Padre Marcelo a interrompeu:

– Já vi a besteira que a senhora fez em melhorar a comida dos cativos; se o assunto for esse, já vou dizendo que não concordo. Eles vão acabar tomando conta da fazenda.

– O senhor nem parece cristão; acho que estou conversando com o diabo em pessoa. Mas gostaria de avisar que, além desta besteira que fiz – falou com ironia –, vamos realizar trabalhos mediúnicos de comunicação com os espíritos na capela.

Padre Marcelo a interrompeu aos gritos:

– Isso nunca! Nunca! Vade retro, Satanás! – e começou a rezar alto em latim, apontando a cruz que trazia no peito e fazendo repetidas vezes o sinal da cruz. Cantou algumas canções em latim, ajoelhou-se e elevou as mãos ao céu, clamando misericórdia a Deus.

Belarmina assistia a tudo com um sorriso nos lábios. Depois, quando ele aparentava estar se acalmando, perguntou:

– Acabou o teatro?

– A senhora está com o diabo no corpo! A senhora é um demônio!

– Padre, sou católica apostólica romana; assisto à missa todos os domingos. Só não me confesso porque não confio no senhor! Pelo que aprendi com minha mãe, devemos fazer o bem sempre. E a capela, durante a semana, é o local apropriado para atendermos os doentes com o auxílio dos médiuns que temos na fazenda.

– Bustamante sabe disso? Quando souber, vai expulsá-la daqui!

– Acho que o senhor não vai assistir isso; terá ido antes, e ele não sentirá sua falta, nem ele nem ninguém.

– A senhora é a dona da fazenda, faça o que quiser. Eu lavo as minhas mãos!

– Acho bom mesmo, pois elas estão sujas dos pecados que o senhor comete! – O padre ouviu tudo e saiu rindo com cinismo.

Ao retornar para casa, o padre notou algumas manchas na pele. As manchas aumentaram e provocavam dores ao contato de qualquer coisa. Ele não tinha posição para dormir, sentia muitas dores e passou a ter febre. Tomou os chás medicinais que conhecia e, como não resolveu, entrou em desespero. Conhecia essa doença: não tinha cura; era provocada por ratos. Pediu que fosse levado para tratamento no Rio de Janeiro, onde havia setecentos padres, quinhentos advogados, mas apenas dois médicos, que atendiam a nobreza com exclusividade. Não ia adiantar nada; não seria atendido e, se fosse levado para Portugal, morreria no caminho. A viagem de navio durava mais de sessenta dias. Resultado: a pedido dele mesmo, foi o primeiro paciente a ser atendido pelos médiuns e novamente teve a oportunidade de

Pérola Negra

197

falar com sua mãe, dona Filomena. Saiu feliz e curado, mas não da teimosia.

Belarmina ficou totalmente integrada aos trabalhos mediúnicos; quase sempre conversava com sua mãe e recebia instruções, além de ensinamentos de como ocorria o processo de comunicação por intermédio dos médiuns. Queria saber tudo e colocava ordem nos atendimentos, pois muitos precisavam se ausentar do trabalho, e isso só seria possível com sua autorização, para não prejudicar ainda mais seu relacionamento com o gerente do engenho.

Bustamante estava alheio a tudo isso, extremamente preocupado com a acusação de sonegador de impostos, que poderia levá-lo à prisão. Suas visitas à fazenda eram rápidas, mas não deixava de ir à moenda, que era o coração do engenho, onde normalmente ficava o gerente. Quando soube da mudança na alimentação dos escravos, enfureceu-se.

– Belarmina, que absurdo você fez? Ficou louca?

Belarmina estava preparada para essas perguntas e, com tranquilidade, respondeu:

– Bustamante, tomei essa decisão por dois motivos. Primeiro, faz vinte e oito anos, aproximadamente, quando eu era bem jovem, que aconteceu em São Domingos, em 1791, a revolta dos negros, e os brancos foram massacrados. – Esse assunto preocupava muito o fazendeiro; não só ele, mas todos os que exploravam a escravidão. As fazendas eram um mundo isolado, e a quantidade de negros sempre era superior à quantidade de brancos. – Não quero que isso aconteça aqui por uma ínfima quantidade de dinheiro. Segundo, você verificou o aumento que houve na produção? Não? Pois deveria ter visto; você sempre lutou por isso e nunca conseguiu, mas eu sim! Ao invés de agradecer, você procura uma maneira de criticar. Até quando, coronel?

– Realmente não fui informado do aumento na produção.

– Não foi informado porque o gerente do engenho não concordou com a melhora na alimentação, mas notou que, fortalecidos, bem alimentados, os escravos produzem mais. Porém, ele não aceita ser comandado por uma mulher.

Bustamante saiu de seu escritório com a mesma raiva com que entrou. Dirigiu-se ao engenho e ficou admirado com o acréscimo verificado na produção. Perguntou então ao gerente:

– Por que você não me avisou?

– Ia avisá-lo no término do mês, mas essa carga que seguiu ontem foi superior à do mês passado.

– Parabéns pelo trabalho! Como fico no Rio mais do que aqui, quero deixar bem claro que quem manda na fazenda é minha mulher; ela tem poderes para tudo!

– Para tudo?

– Sim, para tudo! – respondeu o coronel.

– Se o senhor não sabe, ela transformou a capela dos escravos num hospital onde os espíritos fazem tratamentos e cirurgias.

– Isso eu não entendo, mas ela deve saber o que está fazendo – e retornou ao escritório com a mesma raiva com que saiu.

– Belarmina, você está procurando briga com o padre-capelão?

– Querido marido, o padre foi o primeiro a ser atendido. Vá perguntar se ele gostou ou não!

Bustamante ficou satisfeito com a resposta e constatou que aquela mulher era de fibra.

– Estou gostando do seu trabalho! Você está me surpreendendo, apesar de ser mulher!

– Não existe diferença; o mesmo espírito que habita o corpo de um homem, numa outra encarnação, poderá habitar o corpo de uma mulher!

– Essa piada vou contar para o Benevides! – e riu.

– Não é piada, é verdade! – Ele riu ainda mais alto.

Pérola Negra

Capítulo
33

CLARA NO QUILOMBO

Depois de o inquérito ser arquivado, Clara sentiu-se melhor. Não chegou a ver Bustamante na cadeia porque, quando ele entrou, ela foi retirada do corpo por seus protetores espirituais, para que não se desgastasse inutilmente; ficou como se estivesse dormindo, sem ver nem ouvir nada. Foi um momento de emancipação da alma, durante o qual foi levada a lugares distantes para se reabastecer de energias e novos ensinamentos. Quando retornou, lembrou-se de tudo como se tivesse sido um sonho.[1]

---

[1] Questão 401 – "Durante o sono, a alma repousa como o corpo?
R – Não, o Espírito jamais está inativo. Durante o sono, os laços que o unem ao corpo relaxam, e o corpo não necessita do Espírito. Então ele percorre o espaço e entra em relação mais direta com os outros Espíritos". (*O Livro dos Espíritos.*)

Após conseguir a liberdade, Teodoro insistiu para que ela fosse imediatamente ao quilombo, mas ela lhe pediu um tempo para se recompor. Queria se encontrar com Otília quando estivesse bem, transbordando de alegria! Coincidiu que Otília viera fazer compras na cidade e fez uma visita a Clara. Foi aquela felicidade! Clara queria saber notícias de cada um dos que haviam ficado, e Otília, que não estava preparada para esse interrogatório, respondia com paciência que todos estavam bem.

Acabaram por combinar a ida da moça à aldeia maravilhosa. Para evitar contratempos, acertaram dia, hora, lugar e quem a estaria esperando – tudo devidamente anotado para evitar desvios de última hora.

No dia 15, Clara saiu às oito horas da manhã acompanhada de Teodoro. No lugar combinado, Teodoro a entregou nas mãos de Pedro e ficou observando até os dois se perderem nas entranhas da mata. Clara seguiu feliz; seu coração pulsava pela oportunidade de rever seus queridos. Avistou ao longe as árvores familiares, os arbustos floridos, o morro próximo, e finalmente adentrou na cidadela mágica, o Quilombo da Cruz! Foi rodeada pelas crianças, pelos cachorros, e até as aves a reconheceram e fizeram festa, cantando alegres em repetidas revoadas. Otília ficou de longe se deliciando com a algazarra da criançada saudosa. Alguns dançavam e cantavam, batendo os pés e as mãos, as músicas tradicionais das aldeias africanas e as músicas aprendidas por aqui. Clara entrou no ritmo feliz das crianças.

De repente, ouviu-se um grito:

– Kianga! Kianga!

Clara virou-se e viu sua mãe de braços abertos, o rosto molhado de lágrimas, chamando-a pelo seu nome na língua africana:

– Kianga! Kianga![2]

Seu coração pulsou aceleradamente e ela correu ao encontro de Benedita, sua mamãe querida, com quem sonhava todas as noites. Abraçaram-se demoradamente, com muitas lágrimas de emoção e agradecimento a Deus pelo feliz reencontro! Depois de muitos abraços e beijos, Clara falou:

---

[2] Nome próprio africano que quer dizer "Luz do Sol".

– Agora tenho duas mamães, Otília e Benedita. Benedita me deu a vida, Otília me ensinou a viver. Amo as duas, mas amo mais a mulher que me deu a vida, pelo sofrimento que suportou para chegar até aqui, e amo muito Otília por ter me acolhido com paciência e me ensinado muitas coisas. Tenho duas riquezas, dois amores! Além delas, tenho duas amigas queridas, Rosa e Margarida, que não estão aqui, mas estão em meu coração. Como Teodoro não ouviu este discurso, não poderá reclamar.

O almoço foi em conjunto; toda a aldeia participou, como se fosse uma grande festa. Nada tinha sido planejado; aguardavam apenas a visita de Clara, a moça simples que encantara a todos, mas a alegria era tanta que se transformou em uma grandiosa festa.

Benedita abraçou-se à filha querida e não a soltou; trocavam juras de amor, evitando contar as tristezas do período de escravidão. As dores foram omitidas; apenas os aprendizados, as novidades e as alegrias foram mencionados. Benedita já admirava a amiga Otília, com respeito e gratidão infinita pela liberdade conquistada, e agora mais ainda, pelo que tinha feito pela sua filhota.

No dia seguinte, Clara participou das atividades do quilombo e notou com emoção que as mudas que havia plantado tinham florescido em pouco tempo. Brincou com as crianças e deliciou-se com as frutas que haviam sido colhidas especialmente para ela. Participou também de algumas aulas de alfabetização, um dos principais trabalhos do quilombo, trabalho coordenado por mãe Otília.

O céu azul de anil foi se apagando vagarosamente, dando lugar à noite majestosa e bela, com estrelas que pareciam diamantes reluzentes. Descansaram um pouco e fizeram os preparativos para as orações e os trabalhos de comunicação com os bondosos espíritos, como era rotina. Estavam ansiosas para receberem as instruções dos comunicantes, espíritos caridosos que traziam consolação e ensinamentos apropriados, além de orientações para o futuro, com isso reforçando a fé dos quilombolas e unindo todos no propósito de servir.

Pérola Negra

Quem primeiro se comunicou por intermédio de Benedita, que estava muito feliz naquela noite, foi um dos mentores do trabalho. Após cumprimentar todos os participantes com carinho peculiar, falou com ternura:

– Também estamos em festa pela alegria de uma mãe e de uma filha que se encontraram sob as bênçãos de Deus! Ambas conquistaram a liberdade do corpo, e com o trabalho dignificante a ser realizado aos aflitos conquistarão a liberdade da alma. O trabalho a ser desenvolvido por elas já está planejado e edificado no plano espiritual, com o objetivo de beneficiar nossos irmãos de jornada! Muito trabalho as espera! Muitas bênçãos serão derramadas a todos os necessitados por intermédio destas mãos benditas! Crede, meus irmãos, o sofrimento é importante para nosso crescimento espiritual. Já vivemos inúmeras existências de erros tenebrosos; hoje, temporariamente escravizados, sem a liberdade com que sonhamos, precisamos reparar nossos enganos motivados por séculos de egoísmo e orgulho, e viver exclusivamente para o próximo, único caminho que nos levará a Deus. Somente a reparação dos erros cometidos nos fará felizes. Mãos à obra, queridos irmãos! Estamos todos no mesmo barco, no barco do Cristo!

Iniciaram os atendimentos a cada um dos participantes daquela noite. Muitos choravam, agradecidos pelas palavras de incentivo dos espíritos amorosos e bons; outros recebiam energias renovadoras nos passes magnéticos; outros, ainda, passavam por pequenas cirurgias para corrigirem disfunções físicas.

Interessante notar que algumas crianças participavam como médiuns, e, quando esses comunicantes foram questionados por dona Otília, responderam que precisavam acelerar o desenvolvimento espiritual daqueles espíritos, que assim aprenderiam praticando e não por ouvir falar; que quando a pessoa tem o conhecimento também pode errar, mas será sempre cobrada pela consciência do que já sabe, do que aprendeu.

Maricota orava diariamente para João. A princípio, as preces eram efetuadas com reserva e até certa relutância em perdoá-lo, devido ao grave erro cometido. Mas, depois de certo tempo, junto com a tia, as orações se tornaram mais fervorosas; mudaram os pedidos, com medo de que ele fosse para o inferno.

– Deus, Pai de amor, ampare o querido João, que sempre foi bom marido, amigo para todas as horas, companheiro, trabalhador, esforçado. Senhor, Deus de amor, ele merece ser amparado pelos anjos do céu e receber o perdão divino, para ficar junto de Deus Pai. Eu já o perdoei porque ele é um homem bom, apenas enganou-se, coitado. Perdoa-o, Senhor! Que a Sua misericórdia envolva aquele coração bondoso! Amém!

E, com a ajuda dessas preces sinceras, ele se recuperava a cada dia!

Em um dos atendimentos espirituais realizados na fazenda, quando estavam apenas os dois médiuns e a fazendeira, dona Etelvina aproximou-se de sua filha Belarmina, pegou suas mãos e falou:

– Filha querida, na reencarnação passada você era casada com João mulato. – Belarmina começou a chorar baixinho. – Amavam-se muito, mas cometeram erros, os dois, e cada um retornou para uma nova vida, para novas oportunidades, em uma situação diferente: você dona de fazenda, e ele empregado. Isso explica a atração que um tem pelo outro, mas não é certo que se apaixonem desta maneira; você agora é casada com Bustamante, e ele com Maricota. Deus colocou cada um num lugar, numa posição diferente; Deus sabe o que faz, e quer que vocês cresçam espiritualmente, que saiam vencedores da presente existência para estarem juntos numa próxima, por isso a importância de fazer o bem sempre! Desculpe-me, filha, mas tinha que falar com você a esse respeito, para você não se perder.

– Eu compreendo, mamãe, eu compreendo. Vou lutar contra os meus instintos, contra minha vontade e seguir sua orientação

Pérola Negra

– e os trabalhos se encerraram com muita emoção e elevação espiritual.

A fazendeira chamou Rosa e falou:

– Peça que preparem a charrete nova. Digam que é para mim. Preparem João, que ele vai viajar até a casa da tia de Maricota no Rio. – Bustamante havia dito a ela que tinha socorrido Maricota e sabia onde ela estava. – Antes vou me despedir dele. – Rosa ficou petrificada; não esperava aquele desfecho, mas ordens eram ordens.

Belarmina aproximou-se do quarto de Estrela. Esforçando-se para não chorar, encontrou João sentado na cama, com boa disposição.

– João, meu amor, eu te amo muito, você sabe. Mas deve existir um grande motivo para você não ter morrido, e, como Deus sabe o que faz, é para você continuar sua vida com sua mulher. Eu sou casada e meu marido está vivo.

– Não fale isso, Belarmina – e a abraçou sentidamente.

– Sim. Não vamos complicar nossa vida; não é certo o que estamos fazendo. Temos compromissos diferentes nesta existência e precisamos honrar a posição em que Deus nos colocou.

– Está me mandando embora?

– Sim, você vai viver com Maricota, que é uma excelente mulher. Ela está na casa da tia dela; prepare-se que você sairá dentro de instantes. Não quero que Bustamante encontre você aqui.

– Eu vou, mas eu te amo!

– Eu também te amo, meu amor! – e os dois choraram como duas crianças.

– Nunca mais me esquecerei de você!

– Eu também, meu amor!

Capítulo
34

O DESESPERO DOS CONDES

O assistente do delegado que fiscalizava a alfândega não aceitou o convite para visitar a casa de Eny; mostrou-se arredio a qualquer tipo de aproximação, mantendo com lisura seu trabalho de conferência dos pesos. Com isso, a arrecadação subiu a olhos vistos, sem contar que a fazenda Santa Rita teve um acréscimo de produção. Para o delegado estava claro que, se o assistente se afastasse, a arrecadação cairia.

Não obstante, o conde Burgos não conseguiu persuadir o conselheiro do rei, responsável pelo mercado internacional, e o pedido estava pronto para ser assinado e enviado a todos os países que compravam açúcar do Brasil, devendo ser assinado por dom João VI. Se apenas um país informasse a quantidade que recebera, já se identificaria o sistema de sonegação implantado. Tendo se esgotado as tratativas desenvolvidas pelo conde Burgos, sem resultados positivos, o dr. Pitombeira resolveu intervir:

– Conde The Best, agora nossa última chance é a cerimônia do beija-mão.

– Não vou me submeter a isso, falar com o rei na frente de todo mundo!

– Você precisa estar com o conde Burgos, que tem bom trânsito no Palácio. Precisam dizer que existem pressões políticas para prejudicar a alfândega do Rio. Quero falar com o conde Burgos, que também precisa salvar o pescoço. Vamos treinar nossa estratégia. É só o que nos resta! Não temos outra saída!

O conde Burgos estava arrasado! Como não conseguira convencer o conselheiro, resolveu aceitar a sugestão do dr. Pitombeira e falar pessoalmente com o rei. O beija-mão acontecia todos os dias úteis, às oito horas da noite. Era a oportunidade para que todos, nobres, súditos, vassalos, pessoas do povo, beijassem a mão do rei e fizessem homenagens, pedidos ou reclamações. Os negros também poderiam beijar, mas antes tinham de pedir autorização ao chefe de polícia, e nunca haviam conseguido permissão para entrar no Palácio.

O costume do beija-mão já tinha sido abolido das cortes europeias, mas ainda era praticado no Brasil-colônia. Com um aviso do cerimonial abriu-se o salão do Palácio de São Cristovão, e a banda tocou uma música imponente, sempre a mesma, para dar um ar de importância ao ritual do beija-mão, que servia para destacar a autoridade paternal do rei.

Os nobres entravam em fila lentamente e, quando chegavam próximo do trono, inclinavam-se profundamente. em seguida avançavam um pouco mais, ajoelhavam-se e beijavam a mão do soberano.

Na fila de entrada estavam os dois, com um papel na mão contendo breves anotações. Na frente, o conde Burgos, e logo atrás o conde The Best, dois importantes representantes da nobreza. Depois de beijar a mão do rei, nervoso, o conde Burgos falou:

– Majestade, sou o conde Burgos... – mas foi interrompido:

– Sim, já o conheço.

– Majestade, é uma honra para mim e toda a minha família estar aqui na sua presença. – O rei apenas sorriu com simpatia, e o conde Burgos fez sinal para que o conde The Best se aproximasse e se perfilasse a seu lado, conforme combinado. Também nervoso, Bustamante cumpriu o mesmo ritual:

– Majestade, sou o conde The Best... – mas também foi interrompido pelo rei:

– Também o conheço; o senhor recebeu seu título há pouco tempo.

– Majestade, é uma honra para mim e minha esposa estarmos em sua presença.

O rei sorriu e perguntou com ar paternal:

– O que vocês querem? – O conde Burgos antecipou-se, como estava combinado.

– Majestade, sou o chefe-geral da alfândega do Rio de Janeiro, responsável pela arrecadação dos impostos sobre as exportações, que somam – e citou, olhando para o papel – valores expressivos; porém, temos um grave problema. – O rei prestou atenção, pois os números haviam despertado seu interesse. – Manobras políticas pretendem desestruturar os trabalhos da alfândega e comprometer a imagem do Brasil. – A atenção do rei redobrou. – Com a denúncia de erros no cálculo dos impostos, estão preparando um pedido para todos os países a fim de que informem as quantidades de açúcar recebidas do Brasil. Isso vai despertar nesses países a desconfiança e prejudicar nossa imagem. A pergunta será: Será que eles não têm capacidade para conferir os cálculos? Isso poderá gerar quebra de confiança, o que será péssimo para nossas exportações. Majestade, não há necessidade de fazer esse pedido. Estamos plenamente de acordo que a alfândega seja conferida por qualquer autoridade, a qualquer momento, mas sem envolver autoridades estrangeiras!

Depois de algum tempo pensativo, dom João perguntou:

– Quem está querendo fazer isso?

– Majestade, o chefe de polícia está conduzindo um trabalho nesse sentido, e o pedido já está pronto para colher sua assinatura! – Dom João mandou chamar o conselheiro das Relações

Internacionais, questionando-lhe: – Existe tal pedido para minha assinatura?

– Sim, Majestade, está no meu gabinete.

– Cancele-o; não podemos envolver outros países em nossas questões internas! E, se existir algum inquérito para apurar os cálculos na alfândega, arquive-o! Como pode existir erro se os impostos aumentaram? – e, olhando para os condes, perguntou: – Só isso?

– Sim, Majestade, muito obrigado!

– Boa noite para vocês!

Nisso, o conde The Best gritou:

– Vida longa ao rei! – Dom João VI, normalmente introvertido, riu do comportamento do conde.

Tudo ocorreu conforme arquitetado pelo dr. Pitombeira. Assunto encerrado. Foram todos para a casa de Eny, para as comemorações de praxe.

O assistente do delegado afastou-se da alfândega.

Depois de muitas considerações, os condes combinaram que os cálculos continuariam corretos como estavam; por precaução, as reduções dos impostos recomeçariam vagarosamente no futuro.

No dia seguinte, pela manhã, ao retornar para a fazenda, o conde The Best sentiu uma dor aguda no estômago. Pensou que fosse excesso de bebida e continuou a cavalgada; sabia que um chá de folhas de boldo poderia ajudá-lo e manteve-se firme, mas a dor apertou. Ele começou a vomitar e parou para não cair do cavalo. Procurou em um sítio que havia no caminho umas folhas desse chá, mas mesmo assim as dores não cessaram. O sitiante que o conhecia colocou-o em uma charrete e o levou até a fazenda. Nem teve condições de dar as boas notícias para a esposa; caiu na cama, se contorcendo de dor. Belarmina, no mesmo instante, pensou em Antonio e Zeca, e Rosa foi buscá-los.

Quando ele viu aqueles dois escravos, perguntou assustado:

– O que é isso, Belarmina? O que está acontecendo aqui? Quem são estes invasores?

– Fique tranquilo, Bustamante, eles vão curar você!

– Mas eu não quero, estou com medo! O que vão fazer comigo? – As dores tinham aumentado após a crise de vômito. Para tranquilizá-lo, Belarmina teve uma ideia:

– Rosa, vá chamar o padre.

O padre entrou preocupado, porque ser chamado com urgência para atender o conde não deveria ser boa coisa.

– Padre, não estou aguentando de dor. Ajude-me, pelo amor de Deus!

– Conde, estes dois que estão aqui, Antonio e Zeca, vão ajudá-lo; procure ficar calmo para que o trabalho seja produtivo. – O padre ficou penalizado com a situação do fazendeiro, que não se aguentava de dor. Nisso, autorizado por Belarmina, Antonio ficou tomado por um espírito que disse:

– Senhor, fique de barriga para cima, para que possamos examiná-lo.

– Não, estou com medo, saiam daqui.

Belarmina procurou acalmá-lo:

– Bustamente querido, eles vão tratar de você. Já salvaram a vida do padre que está aqui, e agora vão salvar você. Confie em Deus!

O espírito continuou com as instruções.

– Senhor, isso, coloque a barriga para cima – disse, enquanto colocava a mão espalmada sobre o estômago. – Agora vai sentir um alívio, até a dor sumir completamente – e começou a massagear a barriga e o peito do Bustamante, que, com alívio gradativo, passou a se acalmar. Sentindo-se seguro, observou melhor o ambiente. No quarto estavam os dois escravos, Belarmina, as serviçais e o padre, todos preocupados com o coronel.

O espírito continuava massageando e falando com Bustamante:

– Respire fundo, fique calmo, que esse problema está sendo resolvido. Existem outros, mas serão tratados em outros dias. Procure dormir um pouco, para que os remédios que colocamos sejam absorvidos pelo seu organismo.

– Estou sem dor. Muito obrigado, meu Deus, estou sem dor. Isso é um milagre de Deus. Muito obrigado! Como isso é possível?

O padre tentou explicar:

Pérola Negra

– Conde, o senhor recebeu um atendimento espiritual; os espíritos que o socorreram tiraram a sua dor. Comigo também foi assim. Fique tranquilo; depois explicarei como isso funciona.

– Mas não estou sentindo nada mesmo; muito obrigado, rapazes!

Nesse momento, o espírito tomou a palavra:

– Conde, procure ficar deitado hoje, para que os remédios façam efeito. Não se preocupe com o que está acontecendo, estaremos a seu lado! Procure ser bom, fazer o bem a todas as criaturas!

O trabalho foi encerrado e o coronel dormiu profundamente. O padre fez uma prece de agradecimento e cada um retornou para as suas atividades. Belarmina continuou ocupada, contratando, com a ajuda do padre, dois professores para montar a escola de alfabetização para crianças e adultos. O que ajudava no desenvolvimento dos projetos é que dona Filomena, a mãe do padre, e dona Etelvina, a mãe de Belarmina, estavam sempre conversando com seus filhos, dando instruções e aconselhamentos para a vida,[1] aproveitando que estavam receptivos.

As mudanças feitas por Belarmina eram como um ato mecânico, ou melhor, realizadas em obediência à sua mãe, mesmo contrariando sua vontade. Porém, o amor pela mãe era maior e não queria desobedecê-la. Esses benefícios provocavam na fazendeira uma satisfação interior indescritível, que ela não conseguia explicar, e isso lhe dava entusiasmo para continuar, até o momento em que passou a compreender melhor sua missão e realizava as tarefas sem que a mãe lhe pedisse, por iniciativa própria, em decorrência de seu melhoramento espiritual, o que é perfeitamente possível.[2]

---

[1] Questão 501 – "[...] A ação dos Espíritos que vos querem o bem é sempre regulada de maneira a vos deixar o livre-arbítrio, porque se não tiverdes responsabilidade não avançareis no caminho que vos deve conduzir até Deus. O homem, não vendo o seu apoio, se entrega às suas próprias forças; seu guia, entretanto, vela sobre ele e, de tempos em tempos, lhe brada para desconfiar do perigo". (O Livro dos Espíritos.)

[2] Questão 1.007 – "Há Espíritos que jamais se arrependem?

R – Há Espíritos nos quais o arrependimento é muito tardio; mas pretender que eles não se melhorem, jamais; seria negar a lei de progresso e dizer que a criança não pode tornar-se adulto". (O Livro dos Espíritos.)

Capítulo
35

O RETORNO DE CLARA

Depois de uma semana, Clara retornou para os braços de Teodoro, o grande amor de sua vida. Contou tudo o que tinham feito no Quilombo da Cruz, mas deixou a surpresa para o fim:

– Sabe quem encontrei lá?

– Não tenho a mínima ideia!

– Minha mãe! – Ele arregalou os olhos. – Sim, minha mãe biológica, que me acompanhou da África para cá no navio *Felicidade*; ela não permitiu que eu viesse sozinha. Fui capturada para ser vendida, mas ela ficou livre, não tiveram interesse nela; porém, grudou em mim, querendo me proteger, e ficou comigo durante toda a viagem. Apenas no leilão foi que nos separamos, e agora a reencontrei! Depois de tanto tempo, tantas lágrimas, estou novamente com ela! Ela se chama Benedita.

Teodoro assistira ao leilão, mas não se lembrava dela. Ficou imaginando o amor dessa mãe que não abandonara a filha, mesmo correndo o risco de morrer, e que se submetera à escravidão sem necessidade. Ficou emocionado com a descrição do encontro no quilombo e comentou:

– Clarinha, o que você acha de sua mamãe, essa alma nobre que abdicou da própria vida para acompanhá-la, morar com a gente? – Ela pulou no pescoço dele, vibrando de alegria e muito entusiasmo. – Calma, calma... tenho outro pedido. – Fez uma pausa inquietante e falou sorrindo: – Quer se casar comigo?

Clara começou a chorar de alegria incontida; ajoelhou-se chorando, pois não aguentava tanta emoção. Primeiro morar com a mamãe, e agora o casamento – era muita coisa para um jovem coração! Ele ajoelhou-se ao lado dela, abraçaram-se e se inclinaram no tapete, trocando vários beijos, sem se desgrudar.

– Responda logo, não me deixe aflito!

– Sim, meu amor, aceito me casar com você.

– Seremos felizes, Clara, amor da minha vida.

Primeiro aguardaram a chegada de Benedita para depois marcarem a data do casamento. E tudo foi preparado com cuidado por Clara, Otília e Benedita.

Ficaram tranquilos quando souberam que os padres jesuítas não eram agressivos na tentativa de recuperação dos escravos que fugiam; acabavam aceitando e aumentando a vigilância daqueles que ficavam, por esse motivo ela sempre estava acorrentada quando fazia compras na cidade.

Combinaram que o casamento seria uma cerimônia íntima, realizada no quintal da casa, sob as árvores frondosas, apenas para os amigos, e aproveitaram para, no mesmo dia, o padre lavrar a carta de alforria de Benedita de Assis, nascida em 16 de julho de 1787, com 32 anos de idade, ao mesmo tempo que lavraria a certidão de casamento da jovem Clara de Assis com Teodoro de Alencar. A alegria dos espíritos foi maior que a dos encarnados, se é que essa informação será bem compreendida.

Havia um coral de crianças cantando músicas lindíssimas; os encarnados sentiam a emoção da cerimônia e as vibrações espirituais que envolviam todos os presentes. Quando os nubentes trocaram as alianças, flocos de luz caíam do céu sobre eles; não houve ninguém que não enxugasse uma lágrima e não estivesse emocionado com a festa. Encerradas as cerimônias de alforria e da união dos jovens, Otília pediu a palavra:

– Benê querida, amiga do meu coração, estou feliz porque você está livre da escravidão, mesmo sendo da maneira que foi. – Ela se referia à fuga e à forma utilizada pelo padre, e alguns riram da felicidade de Benedita. – Estou feliz porque você agora tem sua filha ao seu lado, tem um lar e tem um genro bonito, aliás, muito bonito. – Realmente, Teodoro se destacava dos demais; utilizava seu traje militar de gala com as condecorações recebidas na Academia. – Espero que tenha muitos netos e trabalhe bastante.

Foi aplaudida e prosseguiu:

– Meus filhos queridos – dirigindo-se aos noivos –, nós desejamos a vocês toda a felicidade do mundo; sejam muito felizes e realizem o que planejaram[1] quando estavam no mundo espiritual. Com a ajuda de Benê, sei perfeitamente que poderão realizar seus sonhos de fazer o bem, único caminho para a felicidade. Os anjos do céu estão aqui cantando para vocês e para nós, que amamos vocês. Jesus está conosco! – e foi muito aplaudida. Depois, Benedita pediu que fizessem uma prece:

– Mestre amado, estamos cumprindo mais uma etapa de vida; abençoa-nos, Senhor! Agradecemos Jesus amado pelo amparo que nunca nos faltou em nenhum momento de nossa vida; ajuda-nos a servir nosso próximo com desinteresse e sincero amor; ajuda-nos a aproveitarmos a oportunidade que nos foi concedida! Mestre de amor! Abençoa este casal querido que amamos muito e permita que sejam felizes para sempre! Amém.

Clara estava deslumbrante em um vestido branco de seda francesa, comprado de última hora na rua Direita, mas em seu corpo de modelo ficou perfeito, realçando sua beleza. Foi muito abraçada por Pedro e por outras crianças que vieram à festa.

---

[1] Questão 258 – "Quando no estado errante e antes de se reencarnar, o Espírito tem a consciência e a previsão das coisas que lhe sucederão durante a vida?
R – Ele próprio escolhe o gênero de provas que quer suportar e é nisso que consiste o seu livre-arbítrio". (*O Livro dos Espíritos*.)

Pérola Negra

Joaquim não acreditava que aquilo estivesse acontecendo depois de tudo o que haviam passado; depois de todas as dificuldades.

A noiva sentia apenas a falta de Rosa e Margarida, e mentalmente pedia a Deus que fossem amparadas onde estivessem. Houve um delicioso bolo de coco feito por Benedita e docinhos diversos feitos por Otília. Os bolinhos de bacalhau foram trazidos por Joaquim e estavam deliciosos. A bebida era água de coco, suco de limão e de maracujá, os preferidos de Teodoro. A conversação foi até altas horas da noite, com muita cantoria, batucada e uma felicidade contagiante que envolvia a todos e tornava aquele momento inesquecível.

Para atender aos trabalhos espirituais, a pedido de Clara, Teodoro construiu um amplo barracão no fundo da casa; não conhecia ainda os trabalhos de comunicação com os espíritos, mas achou perfeitamente natural. Havia lido muito a respeito e aceitava a reencarnação como uma lei natural; bastava analisar a aptidão de cada um para constatar que determinados conhecimentos e experiências haviam sido adquiridos em vidas anteriores.

Fazia muitas perguntas aos espíritos e anotava as informações recebidas, depois estudava e registrava suas dúvidas. Aprendera bastante e acabara participando dos trabalhos ali realizados, principalmente a assistência aos enfermos, aos desesperados e aflitos. Na cidade não existiam médicos para o povo, muito menos para os negros. Os frequentadores colocaram o nome de Posto de Ajuda.

Otília participava toda quinta-feira. Chegava na hora do almoço, trabalhava à noite e voltava para casa no dia seguinte pela manhã. Os trabalhos também eram realizados normalmente no quilombo, com outros médiuns e a mesma eficiência no atendimento e socorro. Mãe e filha trabalhavam para o bem do próximo! Teodoro dizia que não tinha sogra, mas ganhara uma mãe; viviam em perfeita harmonia.

Certo dia, Bustamante, que conhecia esse tipo de atendimento, pois havia algo parecido em sua fazenda, estando a trabalho no Rio, sentiu vontade de tomar um passe para se reequilibrar. Benevides falou:

– Por que não vamos ao Posto de Ajuda? Também estou precisando.

– Você sabe onde fica? – perguntou o conde The Best.

– Sei, eu o levo lá – e foram.

Bustamante achou que conhecia a moça que estava mediunizada. Quando foi atendido por ela, perguntou?

– Você não é a Estrela?

– Não, me chamo Clara, sou casada, sei ler e escrever, e morava com minha mãe Benedita antes de me casar.

– Desculpe, confundi você com outra pessoa; você é a cara dela – e ficou tranquilo.

Como ela estava em transe mediúnico, quem respondera fora o espírito.

Certa feita, João mulato também esteve no Posto de Ajuda com Maricota. Ele sentia dores no peito quando esfriava um pouco. Ao ver a moça mediunizada, falou:

– Você não é a Estrela do Bustamante?

– Não, sou a Clara do tenente engenheiro da Academia Real Militar. – João ficou mudo no mesmo instante.

Com a falta de hospitais e médicos, o Posto de Ajuda era a única salvação dos moradores da cidade. Realizavam ali cirurgias espirituais, orientações, aconselhamentos, aplicavam passes magnéticos, receitavam plantas e ervas medicinais, tudo gratuitamente, mas começaram a sofrer severa perseguição dos padres e do delegado de polícia, que mandou um oficial avisar que iriam fechar o posto de atendimento, por ser contrário à lei.[2] A religião católica era a religião exclusiva do império, nenhuma outra era permitida, o que explica a falta de religiões protestantes no Brasil. O serviço do Posto de Ajuda não era religioso;

---

[2] "Constituição Brasileira do Império (1824). Artigo 5º A religião católica apostólica romana continuará a ser a religião do império. Todas as outras religiões serão permitidas com seu culto doméstico ou particular, em casas para isso destinadas, sem forma alguma exterior de templo".

Pérola Negra

era um posto assistencial, se bem que falavam de Jesus e seus ensinamentos. Além do mais, estava funcionando em uma casa particular, sem forma exterior de templo.

Depois de muitas discussões, em que houve a participação direta de Teodoro, o caso ficou devidamente esclarecido. O amparo aos necessitados aumentou e estava a pleno vapor; os comentários na cidade ajudavam a divulgar o que se fazia para o bem de todos.

Porém, esse tipo de atendimento não era exclusividade do Posto de Ajuda. Havia benzedeiras, médiuns com amplos recursos que aplicavam passes, receitavam ervas, davam orientações, assim como diversos núcleos espalhados pelos quilombos que rodeavam a cidade, e tribos de índios, onde se fazia o mesmo trabalho, invocando espíritos, fazendo curas e distribuindo remédios fitoterápicos. Os Espíritos Superiores sempre estiveram presentes em nossa vida. Recordemos Jesus, que disse: "Se vocês se calarem, as pedras falarão",[3] – isto é, não ficaremos sem amparo em tempo algum.

Na fazenda Santa Rita, padre Marcelo tornou-se o diretor de uma escola com mais de duzentos alunos. Bustamante teve um infarto fulminante e desencarnou nos braços de Eny. Belarmina continuou na direção da fazenda; admirada por sua bondade e compreensão, era considerada a mãe de todos. Vinham pessoas de outras fazendas para os atendimentos espirituais. Ela dizia que, se soubesse que era tão bom assim, teria começado antes, mas o fruto amadurece no tempo certo, como foi o caso dela.

Os escravos passaram a receber um salário simbólico; não eram maltratados, se alimentavam bem, tinham boas roupas e não havia mais senzalas. Fizeram pequenas casas e foram autorizados a constituir família. Para sair, mudar de fazenda e tentar outro emprego, bastava pedir autorização para Belarmina e receber a carta de alforria, mas, como havia muitas dificuldades, só alguns resolveram sair; a maioria permaneceu.

Clara adorava ler e visitava periodicamente a maior Biblioteca do Brasil. Em 1862, quando contava com 57 anos de idade, um livro que estava em destaque lhe chamou a atenção, de autoria

---

[3] Lucas, 19:38-40.

de Allan Kardec: *O Espiritismo na sua mais simples expressão*, com tradução de Alexandre Canu. Quando viu o livro, a entidade que estava ao seu lado lembrou-a de que esse era o missionário de que haviam falado, que tinha como missão trazer as revelações dos espíritos e nos fazer recordar dos ensinamentos de Jesus.

Benedita não chegou a lê-lo; retornou à pátria espiritual naquele mesmo ano, tendo deixado grandes exemplos de amor ao próximo e filial. Clara teve oito filhos e sempre lutou, com muita dificuldade, para colocá-los na escola. As barreiras eram enormes; professores e até diretores eram contrários à admissão de negros, apesar de Teodoro ser conhecido e influente na cidade – era responsável pelo projeto de reflorestamento e calçamento da cidade, além dos estudos para implantação do sistema de esgoto.

Clara desencarnou em 1887, um ano antes da abolição dos escravos no Brasil, tendo saído vitoriosa da presente encarnação. Muitas das criações de Otília fizeram parte da cidade do Rio de Janeiro, como o sistema de drenagem do esgoto por gravidade, o aproveitamento da água potável natural, irrigação automática da horta, além da construção das casas para melhor aproveitamento do sol.

Após a abolição dos escravos, o Quilombo da Cruz não se desfez; ao contrário, acolheu os escravos sem recursos e sem destino que chegavam de outros lugares. Otília retornou para a verdadeira pátria em 1840, tendo cumprido valorosamente sua missão. A abolição dos escravos se deu em 13 de maio de 1888, e os fazendeiros, revoltados por perderem a mão de obra gratuita, expulsaram os negros das fazendas. Com isso, milhares de pessoas caminhavam sem destino pelas estradas do Brasil; muitos morreram de fome, outros imploravam algum tipo de trabalho para sobreviver, mas eram recusados, como se fossem culpados por terem sido libertados. A aversão pelos negros existe até hoje. Essa é uma dívida que um dia será paga por cada um dos brasileiros.

Pérola Negra

ROMANCESPROIBIDOS
ARIOVALDO CESAR JUNIOR DITADO POR FERNANDES DE ALMEIDA DE MELO

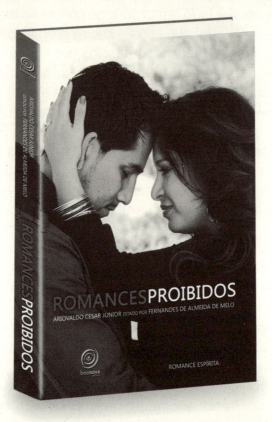

288 páginas | Romance Espírita | Formato: 16x23cm

Augusto é um padre que não aceita o celibato e mantém romances proibidos. Era um conquistador hábil, que iludia com certa facilidade, sem pensar nas consequências de seus atos e na dor que causava as que se deixavam levar por suas promessas. Mas a história toma um novo rumo quando ele se envolve com a própria filha – fruto de um de seus relacionamentos anteriores. Inicialmente ele desconhecia a gravidade de seu ato infeliz. Tempos depois, é levado a refletir e compreender sua existência como Espírito imortal. Se aprendesse com o Evangelho de Jesus não haveria sofrimento nem dor. Mas o Espírito, no estágio evolutivo em que se encontra, dominado pelo egoísmo e pelo orgulho, deixa-se levar pelas ilusões da Terra.

17 3531.4444 | boanova@boanova.net | www.boanova.net

A BATALHA PELO PODER

Assis Azevedo
Ditado por João Maria

Romance
Formato: 16x23cm
Páginas: 320

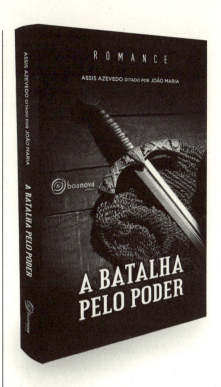

Desde a remota Antiguidade o homem luta para dominar o próprio homem, tudo por causa do orgulho, do egoísmo, da inveja e, sobretudo, da atração nefasta pelo poder. Mesmo com o advento do Cristianismo, a humanidade não entendeu a verdadeira mensagem de Jesus, que era "amar o próximo como a si mesmo"

Esta obra, ditada pelo Espírito João Maria, informa-nos com muita propriedade sobre uma batalha desencadeada pelos nobres da Idade Média, cuja intenção era sempre lutar bravamente pelo domínio de tudo o que existisse, com a desculpa de que honrariam, assim, o nome de seus antepassados.

 www.boanova.net

 www.facebook.com/boanovaed

 www.instagram.com/boanovaed

 www.youtube.com/boanovaeditora

Entre em contato com nossos consultores e confira as condições.
Catanduva-SP 17 3531.4444 | boanova@boanova.net

RENOVANDO ATITUDES

**Francisco do Espirito Santo Neto
ditado por Hammed**

Filosófico
Formato: 14x21cm
Páginas: 248

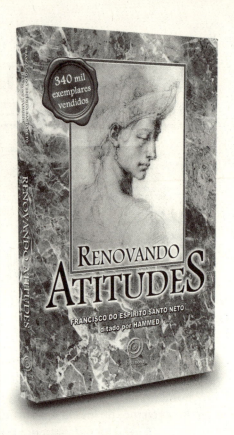

Elaborado a partir do estudo e análise de 'O Evangelho Segundo o Espiritismo', o autor espiritual Hammed afirma que somente podemos nos transformar até onde conseguirmos nos perceber. Ensina-nos como ampliar a consciência, sobretudo através da análise das emoções e sentimentos, incentivando-nos a modificar os nossos comportamentos inadequados e a assumir a responsabilidade pela nossa própria vida.

 www.boanova.net

 www.facebook.com/boanovaed

 www.instagram.com/boanovaed

 www.youtube.com/boanovaeditora

Entre em contato com nossos consultores e confira as condições.
Catanduva-SP 17 3531.4444 | boanova@boanova.net

CAMÉLIAS DE LUZ

Cirinéia Iolanda Maffei
ditado por Antonio Frederico

Romance
Formato: 16x23cm
Páginas: 384

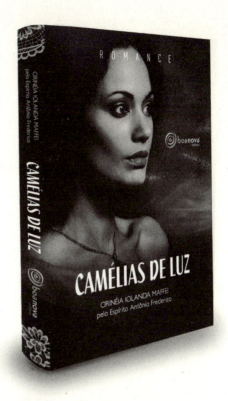

No Brasil do final do século XIX, três mulheres têm suas existências entrelaçadas novamente... Seus amores, paixões, derrotas e conquistas... Uma história real, lindamente narrada pelo Espírito Antônio Frederico, tendo como cenários as fazendas de Minas Gerais e o Rio de Janeiro pré-abolicionista... Pairando acima de tudo, as camélias, símbolos da liberdade!

O amor restabelecendo o equilíbrio. Mais do que isso, o autor espiritual descerra aos olhos do leitor acontecimentos que fazem parte da história de nosso país, abordando-os sob o prisma espiritual. As camélias do quilombo do Leblon, símbolos da luta sem sangue pela liberdade de um povo, resplandecem em toda a sua delicadeza. Uma história que jamais será esquecida...

 www.boanova.net

 www.facebook.com/boanovaed

 www.instagram.com/boanovaed

 www.youtube.com/boanovaeditora

17 3531.4444 | boanova@boanova.net | www.boanova.net

Av. Porto Ferreira, 1031 | Parque Iracema
CEP 15809-020 | Catanduva-SP

www.**boanova**.net | boanova@boanova.net

📞 17 3531.4444
🟢 17 99777.7413
📷 @boanovaed
f boanovaed
▶ boanovaeditora

Acesse nossa loja

Fale pelo whatsapp